知っておきたい日本の古典芸能 忠臣蔵

瀧口雅仁 編著

丸善出版

はじめに

みなさんは『文七元結《ぶんしちもっとい》』や『赤穂義士伝《あこうぎしでん》』、『勧進帳《かんじんちょう》』に『壺坂霊験記《つぼさかれいげんき》』といった作品名や、その内容といったものをご存知でしょうか。

ここで挙げた作品が演じられる、日本を代表する芸能である歌舞伎《かぶき》・落語・講談・浪曲《ろうきょく》などには、日本人が古来から持ち続ける、〝日本人らしい〟心情や生き方といったものが色濃《こ》く描《えが》かれてきました。

この巻で紹介《しょうかい》する「忠臣蔵《ちゅうしんぐら》」もまた、そうした日本人の心を描き、長く日本人に愛されてきた物語です。江戸城中で刃傷《にんじょう》事件を起こしてしまったことから、お家断絶《いえだんぜつ》の上に切腹《せっぷく》を命じられた主君《しゅくん》・浅野内匠頭《あさのたくみのかみ》のために、大石内蔵助《おおいしくらのすけ》ら四十七人は、宿敵《しゅくてき》・吉良上野介《きらこうずけのすけ》の首を討《う》ち取ることを決めます。しかし、事前にその思いや作戦の中身が露見《ろけん》（表に現れる）してはいけないからと、義士たちはそれぞれ、姿を変え、身分を変え、時には自分の愛する人までをも欺《あざむ》き、目的を遂行《すいこう》します。

一方で、最初は仇討《あだうち》のメンバーに参加していたものの、諸事情があって脱退《だったい》する人もいたり、さらにその目的はあくまでも仇討や復讐《ふくしゅう》による大願成就《たいがんじょうじゅ》にあるものの、個人をめぐる別れや、大切な人との別れが描《えが》かれる、登場人物たちの心の動きを巧《たく》みに追い、それぞれの思いがあふれてくる、人間くさい物語が展開されていく点が、多くの人の心をつかんだのです。

ところが時が進むにつれて、そうした伝統芸能に触《ふ》れていくなかで、使われる言葉が難《むずか》しく感じられたり、風俗《ふうぞく》や習慣といった生活文化が現在と異なってきたことによって、内容的に分かりづらくなった物語も多くなってきました。タイトルは知っているけれども、内容までは知らないというのには、そうした理由もあるかと思います。

とは言え、時代が変わったとしても、日本人としての気持ちや、人を思う心といったものは変わらないはずです。だからこそ、そうしたことを描いている作品を知らないでいるのは、実にもったいないと常々感じています。

また近年、日本文化を見直す動きのなかで、日本文化に興味を持つ外国の人にそうしたことを伝える機会が増えてきています。そんなときに、文化を色濃く描いた素晴《すば》らしい作品が日本にあることを誇《ほこ》らしく伝えることができたり、「温故知新《おんこちしん》」という言葉があるように、そうした作品を知っておくことで、また新しい日本の文化の発見につなげていくこともできます。

そこで、今回のこのシリーズでは、以前であれば多くの人が当然のように知っていたストーリーで、これからの時代にも大切に伝え残していき、そして多くの人に改めて知っておいてもらいたい有名な作品を読み物として紹介しています。

ただし伝統芸能や大衆《たいしゅう》芸能の多くは、先人たちから受け継いだもので、それを伝承《でんしょう》してきた演者の流派であったり、それぞれの型といったものがあったりもします。また、落語や講談、浪曲のような、いわゆる話芸は演者の個性が出やすい芸能であり、そうしたジャンルの作品を紹介するときには、語りとしての話のエッセンスは残しながらも、演者のクセといったものを廃《はい》して、読みやすさや分かりやすさを優先すべきと考え、読み物として楽しめるように再構成しました。その際、それぞれの芸の良さをも味わってもらうために、リズムやテンポを生かして紹介したものがあることもお断りしておきます。

また各演目には、作品を楽しむためのポイントと解説（作品の成り立ちと背景《はいけい》）を示し、分かりにくい用語や単語には説明を付けたので、それらを参照しながら読み進めてみてください。

この本がみなさんにとって、日本の伝統芸能や大衆芸能に触れるきっかけとなって、実際に歌舞伎の『仮名手本忠臣蔵《かなでほんちゅうしんぐら》』を観賞《かんしょう》したり講談の『赤穂義士伝《あこうぎしでん》』を聴《き》いたりして、古今東西に誇るべき日本文化を享受（自分のものとして受け入れる）するための手助けになれば幸いです。

二〇一九年　初秋

瀧口雅仁

もくじ

この本を読む前に

一 「演題」の見出し ● の白抜《しろぬ》き文字「歴史」などの説明

歴　史　日本史などでも知られる実際に起こった有名な事件や出来事を中心に、その様子や人物の言動などを描いた作品です。

義理・人情《にんじょう》　「義理と人情の板挟《いたばさ》み」という言葉があるように、社会に生きる道徳や習慣であり、人としての正しい道筋を示す「義理」と、人間らしい思いやりの情としての「人情」との対立や葛藤《かっとう》（心の中で相反《あいはん》する二つの思いが生じて悩《なや》むこと）の中で、登場人物たちがどのように行動するかを描《えが》いた作品です。

忠　義　主君《しゅくん》や国家に対し、真心《まごころ》を尽《つ》くして仕える武士の姿を描いた作品です。

親　子　子どもを間に挟み、家族のあり方であったり、家族の理想の姿を描いた作品です。

兄　弟　兄弟や姉妹が互いにどう思い、どのように相手のための行動を取るかを描いた作品です。

夫　婦　夫婦としてのあるべき理想像であったり、夫婦としての葛藤《かっとう》（互《たが》いに譲《ゆず》らないで対立すること）といったものを描いた作品です。

友　情　親友や友人との親愛の情がどのような場面に生まれ、互いの信頼を生んでいくのかを描いた作品です。

二　〽の説明

歌舞伎の作品（『仮名手本忠臣蔵《かなでほんちゅうしんぐら》』）では、舞台《ぶたい》に登場する人物の演技とともに、それを彩《いろど》る様々な音楽が用いられます。ここでは邦楽《ほうがく》を代表する長唄《ながうた》や義太夫節《ぎだゆうぶし》、常磐津節《ときわずぶし》に清元節《きよもとぶし》、大薩摩節《おおざつまぶし》や河東節《かとうぶし》に新内節《しんないぶし》といった歌舞伎演奏で唄《うた》われる歌部分を「〽」で示しました。歌詞の中には古風で難《むずか》しい言い回しも登場しますが、物語の進行にそって唄われることを意識しながら読んでみてください。

また、浪曲の作品にも（『天野屋利兵衛《あまのやりへい》』）「〽」を付けました。浪曲は「節《ふし》（歌）」と「啖呵《たんか》（セリフ）」で構成される芸能です。その中で、「〽」で示した箇所《かしょ》は、その特徴的《とくちょうてき》な七五調の文句を楽しむ箇所です。

三　ルビの説明

小学校六年間で習う漢字一〇二六字以外の漢字にルビを振《ふ》りました。なお、漢字そのものは小学校で習っていても、小学校では習わない読み方にはルビを振りました。

【例】　文箱《ふばこ》、夫《つま》

四　「知っておきたい用語集」の説明

この本では、実際《じっさい》に作品が舞台で演じられている様子をみなさんに知ってもらいたかったので、あえてやさしい言葉に変えないで、演じられている形を活字にしました。やさしい言葉に置き換えない方が、早くから古典芸能を知ることができ、それが大切と考えたからです。本書を読めば、古典芸能の実演に接したときに、楽しみがより深くなると思います。したがってこの本には聞きなれない言葉や歴史的な言葉がたくさん出てきます。

そこで、小学校高学年や中学校低学年には難《むずか》しいと思われる言葉には、各演題の最後に解説文を付けました。また、今は使われない歴史的な言葉や、各作品の中で重要な意味を持つ単語や表現も解説しました。各作品の最後に載《の》せた「知っておきたい用語集」で解説した言葉は、「本題」に出てくる順番に並べ、また巻末に五十音順の「さくいん」を付けましたので、そこから調べることもできます。

わからない単語や表現は、物語の前後の展開からその意味を類推《るいすい》（おしはかる）するのも作品を楽しむコツですが、分からないときは「知っておきたい用語集」や、巻末「さくいん」で調べながら読み進めてください

五　本文の説明

各作品は、実演や口演《こうえん》、残された速記や資料をもとに活字に直しました。したがって演者や演出などによっては、このシリーズで紹介した物語の内容や展開と異なる場合があります。

また、上演時に使用される言葉についても、今となっては使われることの少ない言い回しや、古語《こご》や芝居《しばい》特有の言葉も登場しますが、あくまでも読み物としての読みやすさなどを考慮《こうりょ》して、現代に通じやすい表現に置き換えたものもあります。

ただし、職人や江戸っ子などが使用した、例えば「やりねぇ」「わからねぇ」などの会話言葉については、作品の雰囲気《ふんいき》を損《そこ》なわないように、そのままにとどめることにしました。

なお、本文の細かな表記については、以下の通りで記しています。

・句読点は原則、演者が息をつぐところに打ちましたが、読みやすさに準じて、適宜《てきぎ》、打ち直しました。
・間《ま》（わざとセリフなどを言わない空白の時間）をもたしたところは、「……」で表しました。
・「へえ」「へェ」の区別については、原則、返事の場合は「へえ」、それ以外は「へェ」としました。
・「ねえ」「ねェ」の区別については、原則、念を押すような場面や「～ない」が転じた場合には「ねえ」、その他は「ねェ」としました。
・ルビは演者などの発音にしたがって振ったものもあります。
・仕草《しぐさ》については、その場面を想像するのに必要と思われるところに挿入《そうにゅう》しました。

講談
浪曲
歌舞伎

赤穂義士伝より殿中松の廊下

〈あこうぎしでん／でんちゅうまつのろうか〉

歴史
義理
人情
忠義

●作品のポイント●

『忠臣蔵《ちゅうしんぐら》』と聞くと、日本に伝わる古い歴史の物語で、その名前は知っていても、細かいストーリーまではわからないという人も多いのではないかと思います。

歌舞伎や講談といった古典芸能で描《えが》かれるその世界は、本伝《ほんでん》、外伝《がいでん》、銘々伝《めいめいでん》などに分けられるように、様々な物語で構成されており、一つひとつの物語では、堅固《けんご》であった主従関係であったり、主《あるじ》のために家族や個人を捨てる思い。さらに主君《しゅくん》の仇《かたき》を討《う》つまでの長い間、身をやつして（目立たないように姿を変える）準備を整える人たちの姿。そしてそれを献身的《けんしんてき》に支える人々の心意気や、そこに表れる人情といった、時代が変わっても日本人が愛してやまない〝心〟といったものが描《えが》き出されています。

かつては「独参湯《どくじんとう》」（漢方の気付け薬で、よく効《き》くことから転じていつ演じても必ず当たる芝居《しばい》）と言われた『忠臣蔵』。その事件のきっかけとなった一場面を講談の中から紹介します。

【本　題】

元禄《げんろく》十四年三月十四日、ところは江戸城のご本丸《ほんまる》で、狩野探幽《かのうたんゆう》という日本一の絵師が、廊下の杉戸《すぎど》に極彩色《ごくさいしき》に松の絵を描《えが》いたところから「松の廊下《ろうか》」と呼ばれておりますお畳《たたみ》廊下。隅《すみ》から数えまして六間目《ろっけんめ》のお柱の前。播州赤穂《ばんしゅうあこう》の城主《じょうしゅ》五万三千石の主《あるじ》、浅野内匠頭長矩《あさのたくみのかみながのり》公が高家筆頭《こうけひっとう》の吉良上野介《きらこうずけのすけ》に刃傷《にんじょう》に及《およ》んだというのが、有名な松の廊下の刃傷事件でございます。

なぜ、そのような事件が起こったかと申しますと、あの時代、毎年お正月になりますと、徳川将軍家の名代《みょうだい》として、高家衆が京都へ上《のぼ》り、時の帝《みかど》に新年のご挨拶《あいさつ》を申し上げるしきたりがございました。そして三月ごろになりますと、今度は帝の名代として、勅使《ちょくし》、院使《いんし》といった方々が江戸へ下《くだ》ってまいりまして、将軍に対して答礼《とうれい》をするという儀式が決まっていたのでございます。

その勅使、院使が江戸へ下《くだ》ってまいりましたときに、幕府《ばくふ》側では毎年三万石以上、十万石以下のお大名《だいみょう》を二人選びまして、勅使と院使の接待《せったい》役、すなわちご饗応《きょうおう》役を務めることになっておりました。

元禄十四年の勅使ご饗応役に任じられましたのが浅野内匠頭長矩公。院使のご饗応役が伊予《いよ》吉田の城主で伊達左京亮《だてさきょうのすけ》様。間違《まちが》いがあってはいけないというところから、二人の大名に対して指南《しなん》役が就《つ》くことになり、その指南役というのが吉良上野介でございます。

物事を教えていただく立場でございますから、二人の大名は事前に呉服橋《ごふくばし》にございました吉良様のお屋敷《やしき》にご挨拶に参上する。もちろん空手《からて》では行きにくいので、手土産《てみやげ》として、伊達左京亮様が持って行きましたのは狩野探幽の龍虎《りゅうこ》の両幅《りょうふく》、つまり一対《いっつい》の掛軸《かけじく》でございます。さらに加えまして、当時日本一と言われておりました加賀絹が十反《たん》、それに大判《おおばん》が百枚と莫大《ばくだい》な金子《きんす》でございます。こういうものを持参《じさん》したのですから、吉良上野介にしても悪い気はいたしません。

「伊達殿は愛《う》い奴《やつ》である。さらば懇切丁寧《こんせつていねい》に指南をしてつかわすことにしよう」

ということになります。

ところが浅野内匠頭長矩公が初手《しょて》に持って行った物というのが、鰹節一連《かつおぶしいちれん》に白扇《はくせん》が一本。鰹節一連というのは十本のこと。それに白扇が一本といっても、決して浅野様がケチであったという訳ではありません。吉良様ほどの高貴な家柄《いえがら》のところに高価な品物を持って行っては失礼にあたるのではないかと思い、最初は型通りのものを持って行き、すべて終わったあとに莫大なお礼をしようと思っていたのでございます。

ですが、こういう気持ちが吉良様には通じなかった。

「伊達殿に比べて浅野内匠頭というのは無礼《ぶれい》な男である。相手がそういう料簡《りょうけん》であるならば、仕事を通じて痛い目にあわせてくれよう」

という気持ちになったのですから、浅野様にしてみればたまったものではございません。内匠頭様は毎日針《はり》の筵《むしろ》の上で仕事をしている間に、顔かたちばかりでなく、心も大層《たいそう》乱れてまいります。

さて、いよいよ三月十四日となり、江戸城へ登城《とじょう》をいたしますと、ご装束《しょうぞく》を身に着けた上野介が、

「左京殿、今日は殊《こと》の外《ほか》大切のお日柄《ひがら》、一寸粗忽《ちょっとそこつ》がござっても、お家《いえ》に関わることゆえ、よくよくご念入りにお勤めなさい」

と、左京亮様だけに声を掛《か》け、さらには内匠頭をそこへ置いて、伊達様だけを引っ張っていき、

「よろしいか、わかったか。おわかりにならんことがあれば、何遍《なんべん》でも高家部屋へお出《い》であれ。その都度《つど》ご伝達いたす。あの側《かたわら》の武士《さむらい》は気の毒なものである」

と、内匠頭に聴《き》こえるように耳打ちをして、奥《おく》の座敷《ざしき》へ行こうとするものですから、内匠頭は気が気ではありません。

「あいや、しばらく。それがしにも御用御伝達を願います」

と願い出ますが、上野介はジロリと見て冷笑をして退いてしまいます。

そのうちにご老中《ろうぢゅう》ご連名の書付《かきつけ》が勅使係の者へお下がりになり、上野介がその書付を懐《ふところ》にしてやって参ります。その席に居合わしたのは、大友近江守《おおともおうみのかみ》、品川豊後守《しながわぶんごのかみ》、浅野内匠頭、伊達左京亮の四名。上野介が書付を大友近江守へ渡《わた》し、それを読み終えると品川豊後守へ。読み終えた豊後守が内匠頭へ渡そうとすると上野介が、

「いや、左京殿ご覧なされ」

と、内匠頭を飛ばして末席《まっせき》の伊達様へ回してしまいます。左京亮様が読み終え、まだ読まずにいる内匠頭へ渡《わた》そうとすると、上野介が、

「ああ、いや、左京殿、これへ」

と書付を取り上げてしまいます。

「各々《おのおの》ご会得《えとく》なさったか。このうち、一つが欠けてもお家は断絶。心を落ち着けて今日一日お勤めなさい」

と言い捨てて奥の座敷へ移ろうとするので、さすがに捨て置けないと、内匠頭が、

「吉良殿、しばらくお控《ひか》え下さい。お書付を拝見いたしたい」

「いや、まかりならぬ。御身《おんみ》はご家来からお聞き取りなされい。決して拝見はならぬわ」

と言ってにらみつける。内匠頭は書付を見なければお家に関わるからと上野介のあとを着いて行きますが、上野介は時々振《ふ》り向いて、内匠頭の様子を眺《なが》めては、フンと鼻の先で笑いながら進んで行くばかり。

松の廊下の中程までお出《い》でになると、さすがに堪《たま》りかねた内匠頭は吉良殿のお袖《そで》を押《お》さえます。

「吉良殿、そのお書付、拝見いたそう。その中に一つ欠ければお家は断絶。家名にも関わる一大事とあるからは、拝見いたさぬそのうちは放しますまい」

「拝見まかりならん。礼を知らぬ無礼者。何と言われても拝見はまかりならん。放せ！ご多用の上野介だ。袂《たもと》をとらえて何とさっしゃる。御身は師匠《ししょう》を敬する礼を知らぬ人物。放さっしゃい。放さぬか！ええここな、無礼者めが！」

と持っていた中啓《ちゅうけい》で払うと、その手が狂って、内匠頭のお頭《つむり》を強《したた》かに音のする程ピシリ！はずみに烏帽子《えぼし》が下がり、左の耳へ紐《ひも》が引っ掛《か》かり、ブラリと脇《わき》の下へとぶら下がった。それを見た上野介はニヤリと笑って行こうとするので、これまで堪《こら》えていた内匠頭だが、前後のわきまえもなく、左文字《さもじ》の小刀《しょうとう》、抜《ぬ》く手も見せず、

「待て！」

と躍《おど》りかかって浴《あ》びせかけます。

上野介の烏帽子を真っ二つに斬《き》りますが、この烏帽子は被《かぶ》って座りがいいようにと、三宅近江《みやけおうみ》という人が鍛《きた》えた金の輪入りでありましたから、その金輪に刃《は》はガッチリと止まったが、上野介の額からはタラタラッと血が流れ出ます。上野介はびっくり仰天《ぎょうてん》し、

「やあ、狼藉《ろうぜき》！　内匠頭が狂気《きょうき》いたしてござる。刃傷《にんじょう》でござる。刃傷でござる！」

と呼ばわりながら逃《に》げようとするところを、二度目に斬りつけたのが肩口《かたぐち》二、三寸。しかしこれも軽傷《けいしょう》でございます。上野介は眉間《みけん》と肩先から流れる血潮《ちしお》をそのままに、松の廊下を飛ぶがごとくに逃《に》げていく。内匠頭はあとを追おうと心は逸《はや》りますが、長袴《ながばかま》を穿《は》いておりますから、思うように追うことができません。

すると、折しもこの松の廊下を通行しておりました梶川与惣兵衛《かじかわよそべえ》頼照《よりてる》という、大力無双《だいりきむそう》六尺《ろくしゃく》の豊《ゆた》かな大男だったと言われておりますが、その梶川与惣兵衛が内匠頭の後ろへ回りますと、浅野を羽交《はが》い絞《じ》めにいたしまして、

「内匠頭殿、お場所柄でござる、お控え召《め》され！」

「与惣兵衛、当の相手は上野《こうずけ》一人、他の者に対して狼藉いたす長矩《ながのり》ではない。武士の情けでござるによって、この手をお放し下され！」

しかし、梶川与惣兵衛は押さえておりますす内匠頭を力任せに組み伏《ふ》せてしまいます。

上野介はその間にも、

「内匠《たくみ》、刃傷、狼藉、狼藉！」

と呼ばわりながら廊下を逃げて行きます。折角、針にかけた魚を逃がしたと同じこと。内匠頭の無念《むねん》は言

うばかりもございません。それに対して、薄情《はくじょう》なのは梶川与惣兵衛でございます。

あの時代、殿中《でんちゅう》において刀の鯉口《こいぐち》三寸切ったそのときには、お家改易《かいえき》、その身切腹《せっぷく》、領地没収《りょうちぼっしゅう》という徳《とく》川家《せんけ》の不文律《ふぶんりつ》がございましたから、いかに五万三千石のお大名でも例外にはならず、浅野内匠頭は即日《そくじつ》のご切腹。田村邸においてわずか三十五歳を一期《いちご》として、この世を後にするのでございました。

それから一年と十ヵ月の後、明けて元禄十五年十二月の十四日、本所松坂町《ほんじょまつざかちょう》吉良邸にご家来《けらい》の面々が討《う》ち入りをし、主君の無念を晴らすという、赤穂義士伝《あこうぎしでん》より『殿中松の廊下』という抜《ぬ》き読みでございます。

●作品の背景●

ここで紹介したのは、講談「赤穂義士伝」のうち『殿中松の廊下』の場面です。

江戸時代の元禄期《げんろくき》に起きた、いわゆる「赤穂事件」を描《えが》いた創作で、これが歌舞伎になると、時代を『太《たい》平記《へいき》』の世界に移し、吉良上野介を高師直《こうのもろなお》、浅野内匠頭を塩谷判官《えんやはんがん》、大石内蔵助《おおいしくらのすけ》を大星由良之介《おおぼしゆらのすけ》とする『仮名手本忠臣蔵《かなでほんちゅうしんぐら》』と変わり、ここで紹介した場面も「三段目（殿中松の間の場）」と呼ばれます。

赤穂事件は元禄十四年（一七〇一）三月十四日に、江戸城の松の大廊下で、高家の吉良上野介義央《よしひさ》を斬《き》りつけた播磨《はりま》赤穂藩主の浅野内匠頭長矩が切腹に処せられ、翌十五年十二月十四日（一七〇二）未明に、亡《な》き主君浅野内匠頭に代わり、家臣の大石内蔵助良雄《よしお》以下四十七人が吉良邸に討《う》ち入り、吉良上野介を討った一連の出来事で、主にそれらを大石と浅野側から描いた作品を『赤穂義士伝』、または『義士伝』と呼んでいます。

さらにそれらの事件を、いわば時系列で追ったものを「本伝《ほんでん》」。討入りに参加した赤穂浪士それぞれに関する話を「銘々伝《めいめいでん》」。浪士に関連するその他の人の姿を描いたものを「外伝《がいでん》」とし、ここで紹介した場面は赤穂事件のきっかけにどんな出来事があったのかが描かれる、「本伝」の冒頭《ぼうとう》にあたる一作です。

なお、物語は脚色《きゃくしょく》された創作の部分が多いので、史実として赤穂事件を追っていくと、実際とは異なる部分も多く見られます。

現在でも、重要無形文化財保持者（人間国宝）の神田松鯉《かんだしょうり》や、その弟子で二〇二〇年に六代目神田伯山《はくざん》という講談界の大名跡《だいみょうせき》を継ぐ予定の神田松之丞《まつのじょう》といった講釈師が得意にしている一席です。

知っておきたい用語集

本丸《ほんまる》　日本の城郭《じょうかく》の中心。城主《じょうしゅ》の居所《きょしょ》で、中央に天守《てんしゅ》（天守閣《てんしゅかく》）を築き、周囲に堀《ほり》を設けることが多い。

狩野探幽《かのうたんゆう》　慶長《けいちょう》七年（一六〇二）～延宝《えんぽう》二年（一六七四）。江戸前期の画家。本名・守信《もりのぶ》。徳川幕府《ばくふ》の御《ご》用絵師《ようえし》として江戸鍛冶橋《かじばし》に屋敷《やしき》を拝領《はいりょう》し、鍛冶橋狩野家の祖となる。淡白《たんぱく》・瀟洒《しょうしゃ》（お洒落《しゃれ》で気が利いている）な画風で、水墨画《すいぼくが》や彩色画《さいしきが》などで幅《はば》広く活躍《かつやく》した。代表作に、名古屋城の「上洛殿襖絵《じょうらくでんふすまえ》」や「東照宮縁起絵巻《とうしょうぐうえんぎえまき》」などがある。

間《けん》　長さの単位。一間は約一・八一八一メートル。

松の廊下《まつのろうか》　江戸城内で、大名が詰《つ》めた広間である「大広間」から、儀式《ぎしき》を行ったり、来客と対面したりするのに用いた「白書院《しろしょいん》」に通じる「松之大廊下《まつのおおろうか》」のこと。全長約五十メートル。

播州《ばんしゅう》　播磨国《はりまのくに》。現在の兵庫県南部。

高家《こうけ》　江戸幕府《ばくふ》の職名で、老中《ろうじゅう》に属し、主として儀《ぎ》式《しき》や典礼《てんれい》を司《つかさど》り、伊勢《いせ》・日光への代拝《だいはい》（老中の代わりに参《さん》詣《けい》する）のほか、京都への御使い、勅使《ちょくし》の接待など、朝《ちょう》廷《てい》との間の諸礼《しょれい》にあたった家柄《いえがら》。世襲《せしゅう》で、足利氏以来の名家、吉良《きら》、武田、畠山《はたけやま》などの諸氏が任ぜられた。

刃傷《にんじょう》　刃物《はもの》で人を傷つけること。

名代《みょうだい》　ある人の代わりを務めること。また、その人。代理。

勅使《ちょくし》　天皇の意思である勅旨《ちょくし》を伝えるために派遣《はけん》される使者。勅信《ちょくしん》。

院使《いんし》　寺院など、広く院と称されるところからの使者。

饗応《きょうおう》　酒や食事などを出してもてなすこと。

伊予《いよ》
→伊予国《いよのくに》　現在の愛媛県。

指南《しなん》　武術や芸能などを教えること。指導すること。

呉服橋《ごふくばし》　東京都中央区八重洲《やえす》一丁目。江戸時代、外濠《そとぼり》に面して呉服橋門があり、橋は後藤橋《ごとうばし》とも呼ばれた。その名は門の外側に幕府《ばくふ》呉服師の後藤家の宅地があったことに由来する。

掛軸《かけじく》　書画《しょが》を布や紙で表装《ひょうそう》して竹木などの軸をつけ、床《とこ》の間《ま》などに掛《か》けるように仕立てたもの。

反《たん》　布の大きさの単位。一反はおおよそ一着分の幅《はば》・丈《たけ》の大きさ。

大判《おおばん》　安土桃山《あづちももやま》時代から江戸時代にかけての金貨の一種。楕円形《だえんけい》の大型金貨で、天正《てんしょう》大判や慶長《けいちょう》大判などがある。「拾両《じゅうりょう》」と墨で書かれたが、時代により価値は変動し、主として儀礼《ぎれい》や贈答《ぞうとう》などに用いられた。

料簡《りょうけん》　考え。思慮《しりょ》。分別《ふんべつ》。

針《はり》**の筵**《むしろ》　ひと時も心の休まらない、つらい場所や境《きょう》遇《ぐう》のたとえ。

粗忽《そこつ》　軽はずみなこと。そそっかしいこと。不注意なために引き起こしたあやまち。唐突《とうとつ》でぶしつけなこと。

中啓《ちゅうけい》　儀式《ぎしき》の際に用いる扇で、親骨の中程から先を外側に曲げ、畳《たた》んだ際も扇の先が半開きになるようにつくられたもの。

烏帽子《えぼし》　元服《げんぷく》した男子の用いた袋《ふくろ》状の冠物《かんむりもの》で、公家《くげ》は平服時《へいふくじ》に絹や紗《しゃ》で製し黒漆《くろうるし》を塗《ぬ》ったものを、庶民《しょみん》は麻布《あさぬの》製のやわらかいものを用いた。江戸時代まで公家や武士の間で用いられた。

左文字《さもじ》　鎌倉末期～室町期の博多の刀工《とうこう》で、左衛門《さえもん》三郎源慶《さぶろうげんけい》を祖とする左家《さけ》の刀鍛冶《かたなかじ》が鍛《きた》えた刀。銘《めい》に「左」の一字がある。

狼藉《ろうぜき》　無法で荒々《あらあら》しい振《ふ》る舞《ま》い。乱暴《らんぼう》な行い。

長袴《ながばかま》　裾《すそ》が足よりも長く、引きずるようになっている袴。引袴《ひきばかま》。

大力無双《だいりきむそう》　非常に強い力。また、強い力のある人。

鯉口《こいぐち》　刀の鞘《さや》の口。形が鯉の口に似ているところから、そう言われる。

改易《かいえき》　江戸時代、士分《しぶん》以上に科した刑罰《けいばつ》で、武士の身分を剥奪《はくだつ》し、領地や家屋敷などを没収《ぼっしゅう》する刑。自宅や一定の場所に閉じ込めて謹慎《きんしん》させた「蟄居《ちっきょ》」より重く、切腹《せっぷく》よりは一段軽い。

不文律《ふぶんりつ》　文章で表現されていない法。その集団の中で、暗黙《あんもく》のうちに守られている約束ごと。

本所松坂町《ほんじょまつざかちょう》　現在の東京都墨田区両国三丁目周辺で、吉良邸跡《きらていあと》は、現在「本所松坂町公園」として整備され、吉良邸に関する説明板などが置かれている。

歌舞伎
浄瑠璃
講談

仮名手本忠臣蔵より三段目
〈かなでほんちゅうしんぐら／さんだんめ〉

●作品のポイント●

歌舞伎を代表する演目の一つで、元禄《げんろく》時代に実際に起こった赤穂浪士《あこうろうし》による仇討《あだうち》を劇化《げきか》した「時代物」の作品です。講談では「赤穂義士伝《あこうぎしでん》」として、フィクションを含めての赤穂事件を語り上げていますが、歌舞伎では、物語の設定を南北朝時代《なんぼくちょうじだい》に移し、また、登場人物も吉良上野介《きらこうずけのすけ》を高師直《こうのもろなお》に、浅野内匠頭《あさのたくみのかみ》を塩冶判官《えんやはんがん》に、大石内蔵助《おおいしくらのすけ》を大星由良之助《おおぼしゆらのすけ》といった役名に置き換《か》えて、その時代の騒乱《そうらん》を描いた『太平記《たいへいき》』へと移しています。なお、「仮名手本」というのは、赤穂の四十七士をいろは四十七文字になぞらえたものです。

ここで紹介するのは、吉良上野介による「鮒《ふな》だ、鮒だ、鮒侍《ふなざむらい》だ」という有名なセリフで知られる、仇討の大きなきっかけとなった「殿中松《でんちゅうまつ》の間《ま》」の場面です。

本書では、先に講談の『殿中松の廊下』で、殿中刃傷事件《でんちゅうにんじょうじけん》を取り上げていますので、その描写であったり、登場人物の姿の違《ちが》いであったりを読み比べてみてください。

歴史
人情
忠義
夫婦

「仮名手本忠臣蔵」【ここまでのあらすじ】

大序：鶴岡八幡宮兜改《つるがおかはちまんぐうかぶとあらた》めの場

暦応《りゃくおう》元年（一三三八）二月、天下を平定《へいてい》し、征夷大将軍《せいいたいしょうぐん》の位《くらい》についた足利尊氏《あしかがたかうじ》の命で、弟の直義《なおよし》が鎌倉の鶴岡八幡宮《つるがおかはちまんぐう》に、敵将・新田義貞《にったよしさだ》の兜《かぶと》を奉納《ほうのう》することとなり、その兜の鑑定役《かんていやく》として、塩冶判官《えんやはんがん》の妻である顔世御前《かおよごぜん》が呼び出されます。以前から彼女の美しさに目をつけ、恋心を抱《いだ》いていた足利家の重役である高師直《こうのもろなお》は、顔世に言い寄りますが、権力に物を言わせて、強引に口説《くど》く様子《ようす》を目にした桃井若狭之助《もものいわかさのすけ》が見かねて、顔世を逃《に》がします。師直が憎々《にくにく》しくそれを咎《とが》めるので、若狭之助は師直に斬《き》りかかろうとしますが、判官に止められてしまいます。

二段目：桃井館《もものいやかた》の場

桃井家の屋敷《やしき》では、鶴岡八幡宮で主人の若狭之助が高師直に恥辱《ちじょく》を受けたという噂《うわさ》でもちきりで、桃井家の家老である加古川本蔵《かこがわほんぞう》の妻戸無瀬《となせ》と娘の小浪《こなみ》も案じています。そこへ塩冶判官《えんやはんがん》の使者として大星力弥《おおぼしりきや》が訪ねて来ます。本蔵と妻の戸無瀬は使者の相手を娘の小浪に任せて引っ込むと、凛々《りり》しい力弥の姿に許嫁《いいなずけ》である小浪は胸をときめかせて応対します。若狭之助は本蔵を呼び、明日、登城《とじょう》したら師直を斬るという固い決意を打ち明けるので、本蔵は密《ひそ》かに師直のもとへ馬を走らせます。

【本　題】

三段目：殿中松の間の場《でんちゅうまつのまば》

加古川本蔵は未明《みめい》に、足利館《あしかがやかた》の門前で、登城する高師直に追いつくと、「若狭之助から」と告げて賄賂《わいろ》を贈《おく》ります。その甲斐《かい》あって、若狭之助を見るなり師直が謝ってきたので、さすがの若狭之助も拍子抜《ひょうしぬ》けをしてしまいます。そこへ、顔世御前からの拒絶《きょぜつ》の手紙を持って塩冶判官が登城してきたので、師直は屈辱《くつじょく》の怒《いか》りを判官にぶつけます……。

舞台《ぶたい》には松の模様《もよう》の金襖《きんふすま》、下手《しもて》には大きな衝立《ついたて》、そして上下《かみしも》にはぼんぼりが置かれています。

〽程《ほど》もあらせず塩冶判官、御前《ごぜん》へ通る長廊下《ながろうか》、師直声かけ

師直　遅い、遅い、判官殿。今日の登城、正七ツ《しょうなな》刻《こく》と申し渡《わた》したではないか。

判官　遅なわりしは拙者《せっしゃ》が不調法《ぶちょうほう》、平《ひら》にお許し下され。

(下手より茶坊主《ちゃぼうず》が文箱《ふばこ》を持って出てきて)

茶坊主　はは、塩冶様へ申し上げます。御内室《おないしつ》顔世様より師直公へ御覧《ごらん》に入れたしとあって、ご家来早野《けらいはやの》勘平《かんぺい》殿、これなる文箱持参《じさん》いたされてござりまする。

判官　なに、顔世より文箱が参ったとな。いかがいたしたものじゃ。御用繁多《ごようはんた》の師直公へ対し、失礼とやいわん。文箱はそのまま返しつかわせ。

茶坊主　はは。

師直　あいや坊主、待て待て、文箱とな。いつぞや歌の添削《てんさく》の儀《ぎ》を手前頼《たの》まれしことがござる。大方そのことでござろう。拝見いたそう。

判官　ではござりましょうが、あまりと申さば失礼ゆえ、文箱はそのままお返しつかわせ。

師直　いや、苦しゅうござらぬ。（文箱より短冊《たんざく》を出して見て）いや、お見事お見事、なになに、さなきだに重きが上の小夜衣《さよごろも》、わが夫《つま》ならでつまな重ねそ。こりゃ新古今述懐《しんこきんじゅっかい》の歌、この歌に添削とは、

〽と思案のうち、わが恋の叶《かな》わぬしるし、さては夫《つま》に打ち明けしと、思う怒《いか》りをさあらぬ顔

師直　判官殿、お手前、この歌ご覧《らん》じたか。

判官　いまだ拝見つかまつりませぬが。

師直　さようかな。そこもとの奥方はご発明だ。ちょっとおつかわしになるお歌がこの通り。わが夫《つま》ならでつまな重ねそ。貞女《ていじょ》だ、貞女だ。ご手跡《しゅせき》といい、ご器量《きりょう》といい、あやかり者だ。ご自慢《じまん》さっしゃい。ずんとご自慢さっしゃい。そのご器量のよい奥方の傍《そば》にへばりついてござるゆえ、それでご登城が遅《おそ》うなったか。奥方ばかりが大切で、御前《ごぜん》の方はお構《かま》いないじゃまで。

〽あてこする雑言過言《ぞうごんかごん》。あちらの喧嘩《けんか》の門違《かどちが》いとは、判官さらに合点《がてん》行かず、ムッとせしが押し鎮《しず》め

判官　ハハハハハ、これはこれは、師直公には先刻よりのお言葉はご座興《ざきょう》か、またはご酒機嫌《しゅきげん》か。こりゃご酒まいったと相《あい》見ゆる。ハハハハハ。

師直　あいや判官。いつお手前ご酒下《しゅくだ》された。いやさ、いつお手前この師直にご酒下された。ご酒は食べ

ても食べいでも、勤むるところはきっと勤むる武蔵守《むさしのかみ》。お手前こそご酒まいったであろう。

判官　いえいえ、手前、なんで酒《さけ》などを。

師直　いや、道理こそ酒くさい。美しい奥方とお酒盛《さかもり》、それで登城が遅うなったか。おお、それほど奥方が大切なら、明日からは出仕ご無用だ。総じてお手前のようなものを何とやら申したな。おお、それそれ、井の中の鮒《ふな》じゃと申すたとえがある。後学《こうがく》のためだ、聞いておかっせい。かの鮒という奴《やつ》は、わずか三尺か四尺の井の中を、天にも地にもない結構なところと心得、井戸替《が》えの折、釣瓶《つるべ》にかかって上がるを、この師直のような慈悲《じひ》深い者が、大川へ放してやると、かの鮒めが小さな所から大きな所へ出たによって途《と》を失い、あっちへひょろひょろ、こっちへふらふら、ついには橋杭《はしぐい》へ鼻っ柱をぶっつけて、ピリピリピリと死にまする。お手前がちょうどその鮒だ。あんな小さな屋敷《やしき》から、このような広間へ来たによって、途《と》を失い、手前の詰所《つめしょ》はいずれでござると、あっちへまごまご、こっちへうろうろするうちに、お廊下《ろうか》の柱へ鼻っ柱をぶっつけて、ピリピリピリと死にまする。その鮒かえ。（判官の顔を見て）いやこりゃ、どうやら判官が鮒に似てまいった。そう力《りき》んでいるところは、まるで鮒だ。師直、この年になるまで、鮒が裃《かみしも》をつけて登城いたすを初めて見た。これ、伴内《ばんない》、判官が鮒になられた。鮒だ、鮒だ、鮒侍《ふなざむらい》だ。ハハハハハ。

〽と出放題、判官腹に据《す》えかねて

判官　伯州《はくしゅう》の城主塩冶判官高貞《たかさだ》を鱗《うろくず》にたとえしは、本性《ほんしょう》にてはよもやあるまい。いやさ、気が違《ちご》うたか武蔵守。

師直　黙《だま》れ、判官。出頭《しゅっとう》第一の師直に向かい、気が違うたかとは何のたわごと。

判官　すりゃ、最前よりの雑言過言《ぞうごんかごん》、本性でお言やったか。
師直　おお、本性だ。本性ならば、お身や、どうするのだ。
判官　本性ならば。
師直　本性ならば。
判官　むう。
（と判官、刀の柄《つか》へ手を掛《か》け、キッとなる）
師直　殿中《でんちゅう》だ！
（と中啓《ちゅうけい》にて判官の手を打ち、判官、ハッと思い入れ、じっと控《ひか》える）
師直　殿中だぞ。殿中だ。殿中において鯉口三寸《こいぐちさんずん》抜《ぬ》き放たば、家は断絶《だんぜつ》、その身は切腹《せっぷく》、ご承知《しょうち》か。ご承知だな。ご承知とあらば斬《き》られよう。師直、お身様に斬られれば本望《ほんもう》だ。さあ斬らっせい。さあ斬れ、斬れ斬れ、判官。（と師直、判官へ身をもたせる）
判官　しばらく、しばらくしばらく、しばらくお待ち下され。最前よりの不調法《ぶちょうほう》、平《ひら》にお詫《わ》び申す。何卒《なにとぞ》お心取り直され、お指図《さしず》の程、ひとえに願わしゅう存じまする。
（と師直、素知らぬ顔。判官、堪《た》えかねて刀の柄へ手を掛けるのを、師直が見とがめ）
師直　その手はなんだ。
判官　さあ、この手は、
師直　その手は、

判官　この手をついて、お詫《わ》び申す。
師直　むむ、あやまらっしゃるか。おお、こりゃ判官は泣かっしゃるか。やれ可哀《かわ》そうに、よいよい、然《しか》らば今日のお役目、七五三、五五三、何もかも。
判官　すりゃ、あのわたくしめに。
師直　いや、お身じゃない、若狭殿に。
判官　むむ（と判官キッとなる）。
師直　東夷《あずまえびす》の存ぜぬことだわ。
（と師直、短冊を判官に打ちつけ、袴《はかま》を蹴立《けだ》てて悠々《ゆうゆう》と行きかける。判官、その袴の裾《すそ》を踏《ふ》まえ）
判官　師直、待て！
師直　ええ、どけどけ、どかぬか。袴が破ける。どかぬか、どかぬか。まだなんぞ用があるか。
判官　その用は。
師直　その用は。
判官　おのれ！
〽上を下へと
（と早舞《はやまい》になり、判官、師直に斬りつける。下手《しもて》の大衝立《おおついたて》の陰《かげ》より、加古川本蔵《かこがわほんぞう》が走り出てきて判官を後ろから抱《だ》き留める。左右の襖《ふすま》より大名が大勢《おおぜい》出てきて判官を止める。師直は伴内《ばんない》に助けられて上手《かみて》へ逃《に》げていく。判官は持っている刀を師直に投げつける。その刀が仕掛《しか》けで上手の柱に立つ）

●作品の背景●

寛延《かんえん》元年（一七四八）に大坂竹本座で初演された、二世竹田出雲《たけだいずも》、三好松洛《みよししょうらく》、並木千柳《なみきせんりゅう》（並木宗輔《なみきそうすけ》）の合作による十一段にのぼる浄瑠璃《じょうるり》の時代物です。

作品のポイントでも記《しる》したように、物語の時代を『太平記《たいへいき》』の世界に取り、登場人物の名を『太平記』に取っている他、史実に新解釈《しんかいしゃく》を加えるといった変化をもたせ、初演以来、現在まで上演を繰り返してきてきました。

この巻では、講談や浪曲とともに、その物語を紹介《しょうかい》していますが、そこには単に敵討《かたきう》ちの行方《ゆくえ》や成功談ばかりでなく、権力のあり方や人間誰《だれ》もが持つ嫉妬《しっと》であったり、驕《おご》る姿が描《えが》かれています。さらに、主従関係に、夫婦や親子を巻き込《こ》んでいきながら、人の心と行動を浮かび上がらせていく壮大《そうだい》なストーリーが「忠臣蔵」の人気の理由の秘密にあると言えます。

赤穂浪士《あこうろうし》を劇化《げきか》した元禄以後の作品の集大成版であり、『菅原伝授手習鑑《すがわらでんじゅてならいかがみ》』や『義経千本桜《よしつねせんぼんざくら》』とともに、時代物の三大傑作《けっさく》とされ、興行《こうぎょう》をして不入りのことがないところから、芝居の独参湯《どくじんとう》（起死回生《きしかいせい》の妙薬《みょうやく》）と称《しょう》せられています。

知っておきたい用語集

南北朝時代《なんぼくちょうじだい》　一般的に皇統《こうとう》（男系の天皇の血統）が南朝と北朝に分裂し抗争した延元《えんげん》元年・建武《けんむ》三年（一三三六）から、両朝が合一した元中《げんちゅう》九年・明徳《めいとく》三年（一三九二）年までの五十七年間を指す。

高師直《こうのもろなお》　生年未詳～正平《しょうへい》六年・観応《かんのう》二年（一三五一）。南北朝時代の摂津《せっつ》（現在の大阪府北中部の大半と兵庫県南東部）の武将。足利尊氏《あしかがたかうじ》の執事《しつじ》（ここでは尊氏のもとで政務を監督《かんとく》し執行《しっこう》した職務）として南朝軍と戦い、大きな功績をあげた。尊氏の弟である直義《なおよし》と対立して殺害された。『仮名手本忠臣蔵』の登場人物で吉良上野介《きらこうずけのすけ》のモデル。

征夷大将軍《せいいたいしょうぐん》　古代においては、蝦夷鎮撫《えぞちんぶ》（関東以北を朝廷の支配下に置く）のための遠征軍《えんせいぐん》の指揮官《しきかん》であったが、鎌倉時代以降は幕府《ばくふ》の主宰者《しゅさいしゃ》の職名となり、源頼《みなもとのより》朝《とも》以後は、足利氏《あしかがし》、徳川氏《とくがわし》まで引き継《つ》がれた。将軍。

ぼんぼり　古い灯火具の一種で、手燭《てしょく》（手で持ち歩けるように柄《え》を付けてろうそくを立てた台）や燭台（ろうそくを置く台）に紙や布などを張った火袋《ほぶくろ》を取り付けたもの。

七《なな》**ツ**　現在の午後四時ごろ。

茶坊主　武家《ぶけ》の城中や屋敷《やしき》で来客の給仕《きゅうじ》や接待《せったい》をした坊主頭の者。

内室《ないしつ》　貴人《きじん》の妻を敬《うやま》っていう語。また転じて、一般に他人の妻を敬っていう語。おくがた。

さなきだに重《おも》**きが上の小夜衣**《さよごろも》**わが夫**《つま》**ならでつまな重**《かさ》**ねそ**

→さらぬだにおもきがうへのさ夜衣《よごろも》**わが夫ならぬつまな重ねそ**　『新古今和歌集』に収載される寂然法師《じゃくねんほうし》の和歌。「ただでさえ重い夜具《やぐ》の上に、自分の物でない衣の褄《つま》を重ねてはいけない。ただでさえ深い関係になることは罪深いのに、そのうえ他人の配偶者と関係を結ぶような邪淫《じゃいん》を重ねてはいけない」という意味。

新古今《しんこきん》

→新古今和歌集《しんこきんわかしゅう》　鎌倉時代前期の八番目の勅撰《ちょくせん》和歌集（天皇や上皇の命により編集した歌集）。建仁《けんにん》元年

（一二〇一）後鳥羽上皇《ごとばじょうこう》の命《めい》により源通具《みなもとのみちとも》、藤原有家《ふじわらのありいえ》、藤原定家《ふじわらのていか》、藤原家隆《ふじわらのいえたか》、藤原雅経《ふじわらのまさつね》が撰者《せんじゃ》となり、約二百首の歌が収載《しゅうさい》された。

釣瓶《つるべ》　井戸水をくむために、縄《なわ》や竿《さお》などの先につけておろす桶《おけ》。

途《と》**を失い**

↓途を失う　方法がわからないで困ってしまう。途方《とほう》にくれる。

裃《かみしも》　上下《かみしも》とも書く。江戸時代の武士の中礼服で、庶《しょ》民《みん》の礼服としても用いられた。

伯州《はくしゅう》

↓伯耆国《ほうきのくに》　現在の鳥取県西半部を占めた旧国名。

出頭第一《しゅっとう》　ここでは、出世頭《しゅっせがしら》のこと。

雑言過言《ぞうごんかごん》　度を越した悪口。

殿中《でんちゅう》　将軍の居る所。居城《きょじょう》。

中啓《ちゅうけい》　儀式《ぎしき》の際に用いる扇《おうぎ》で、親骨の中程から先を外側に曲げ、畳《たた》んだ際も扇の先が半開きになるようにつくられたもの。

鯉口《こいぐち》　刀の鞘《さや》の口。形が鯉の口に似ているところから、そう言われる。

七五三《しちごさん》**、五五三**《ごごさん》　日本料理の膳立《ぜんだ》ての法式の一つで、本膳《ほんぜん》に七菜、二の膳に五菜、三の膳に三菜を出す盛宴《せいえん》（盛大な宴会）である七五三と、七の膳を略して五の膳とした五五三を指す。

東夷《あずまえびす》　東国地方の武士。関東地方のあらあらしい武《む》者《しゃ》を指すが、ここでは京都の人があざけりの気持ちを込めて用いた言葉。

独参湯《どくじんとう》　漢方で、人参《にんじん》の一種を煎《せん》じてつくる気付け薬。それがよく効《き》くところから、歌舞伎でいつ演じてもよく当たる狂言《きょうげん》のこと。『仮名手本忠臣蔵』を指す。

太平記《たいへいき》　南北朝の動乱を描く軍記物語。全四十巻。作者は未詳（よくわからない）。

歌舞伎
浄瑠璃
講談
落語

仮名手本忠臣蔵より四段目
〈かなでほんちゅうしんぐら／よだんめ〉

歴史
人情
忠義
夫婦

●作品のポイント●

前段にあたる「三段目」の殿中松《でんちゅうまつ》の間の場《ば》で、高師直《こうのもろなお》に斬《き》りかかった塩冶判官《えんやはんがん》は、この「四段目」で切腹《せっぷく》を申し付けられます。それにより主君《しゅくん》を失い、自分たちの役職をも失うことになった大星由良之助《おおぼしゆらのすけ》以下の家来《けらい》たちの悔《くや》しさはいかなるものでしょうか。そして主君のために立ち上がり、その無念《むねん》を晴らそうと心に決めるも、それが露見《ろけん》しては実行不可能であるからと、決して口には出さないという決意の表れと心《こころ》意気《いき》。無念を晴らしたいという家臣の思いに反対の意を唱《とな》えるも、本心は別にある家老《かろう》の姿。

そして判官の妻である顔世《かおよ》が髪《かみ》をおろす姿に、使いとしてやって来る石堂右馬之丞《いしどううまのじょう》の塩冶家を思いやる様子など、登場人物それぞれの思いといったものを感じ取ってみて下さい。

【本　題】

鎌倉の扇ヶ谷《おうぎがやつ》の塩冶判官の屋敷《やしき》では、殿中《でんちゅう》で刀傷《にんじょう》事件を起こしたことから閉門《へいもん》の処分を受けた判官の心を慰《なぐさ》めようと、顔世御前《かおよごぜん》が花籠《はなかご》に桜の花を活《い》けています。

今日は最終的な処分の言い渡《わた》しに上使《じょうし》がやって来る日。

国家老《くにがろう》である大星由良助の息子力弥《りきや》が出仕《しゅっし》すると、原郷右衛門《はらごうえもん》は、桜の花は開くものであるから閉門が許されると祝う一方で、家老の斧九太夫《おのくだゆう》は、風が吹けば花が散り失《う》せるように、判官は流罪《るざい》か切腹《せっぷく》に違《ちが》いなく、それは付け届けを惜《お》しんだからだと郷右衛門を責めます。

すると顔世が、高師直の恋慕《れんぼ》を拒《こば》んだことがきっかけであったと、夫である判官の無念《むねん》に胸が潰《つぶ》れるばかりと思いをもらしています。

そしてそこへ上使が到着します。

本舞台《ほんぶたい》には三間《みま》の間《ま》。違《ちが》い鷹《たか》の羽《は》の紋《もん》を散らした金襖《きんぶすま》。三方折廻《さんぽうおりまわ》し。舞台花道《はなみち》ともに薄《うす》べりを敷《し》きつめ、塩冶館《やかた》奥《おく》の間《ま》の体《てい》。琴歌《ことうた》にて幕《まく》が開きます。

呼び　御上使《おじょうし》のお入《い》りッ。

〽と、両人出迎《でむか》う間《あいだ》もなく、入り来る上使は、石堂右馬之丞《いしどううまのじょう》、師直《もろなお》が昵懇《じっこん》、薬師寺次郎左衛門《やくしじじろうざえもん》

（と奥より、斧九太夫と原郷右衛門が出迎《でむか》える。花道より御奉書《ごほうしょ》を懐中《かいちゅう》した右馬之丞が、その後ろからは

次郎左衛門が登場する。）
〽会釈《えしゃく》もなく上座《かみざ》に着けば、一間《ひとま》のうちより館《やかた》の主《あるじ》塩治判官、しずしずと立ち出《い》でて
（と奥より判官、羽織衣裳《はおりいしょう》に刀を提《さ》げて出て来る。）
判官　これはこれは、ご上使《じょうし》とあって、石堂殿、薬師寺殿、御苦労千万《せんばん》。ご上使の趣《おもむ》き承《うけたまわ》り、いずれもと一献《いっこん》酌み、積鬱《せきうつ》をはらし申さん。それ、御盃《おさかずき》の用意いたせ。
薬師寺　おお、御酒《ごしゅ》。それもよかろうが、上意《じょうい》の趣きを聞かれたら、酒も咽喉《のど》へは通りますまい。ハハハハハ。
〽と、あざ笑えば右馬之丞
石堂　われわれ今日上使に立ったるその趣き、委細具《いさいつぶさ》に承れよ。
〽と、懐中より御書《ごしょ》取り出《い》だし押《お》し開けば、判官も席を改め承る、その文言《もんごん》
石堂　このたび塩冶判官高貞《えんやはんがんたかさだ》儀、執事高師直《しつじこうのもろなお》を刃傷《にんじょう》に及《およ》び、館《やかた》を騒《さわ》がせし科《とが》によって、国郡《くにごおり》を没収《ぼっしゅう》し、切腹を申し付くるものなり。
〽と、聞くよりハッと顔見合わせ、あきれ果てたるばかりなり。判官動ずる気色《けしき》もなく
判官　御上意の趣き、委細承知つかまつる。さて、これからは各々御苦労休めに、うちくつろいで御酒一つ。
薬師寺　これさ判官殿、黙《だま》り召《め》され。この度《たび》の科は縛《しば》り首にも及《およ》ぶべきところ、お上《かみ》のお慈悲《じひ》をもって切腹を仰《おお》せつけらるるをありがたく思い、早速用意もあるべきに。見れば当世様《とうせいよう》の長羽織《ながばおり》、ぞべらぞべらと着

召《め》さるるは、酒興《しゅきょう》か、または血迷うたか。上使に立ちたるこの薬師寺はともかくも、石堂殿に無礼《ぶれい》であろう。

〽と、きめつければ、にっこと笑い

判官　この判官、酒興もせず、また血迷いもつかまつらぬ。今日、ご上使と聞くよりも、かくあらんと期したるゆえ、かねての覚悟《かくご》を御覧《ごらん》に入れん。

〽言いつつ羽織を脱《ぬ》ぎ捨つれば、下には用意の白小袖《しろこそで》、無紋《むもん》の上下、死装束《しにしょうぞく》。皆々《みなみな》これはと驚《おどろ》けば、薬師寺は言句《げんく》も出ず、面膨《つらふく》らして閉口《へいこう》す。右馬之丞差し寄りて

石堂　御心底《ごしんてい》察し入《い》る。仰せ置かるることあらば、お心置きなく申されよ。

判官　この期《ご》に及び、申し置くべき儀《ぎ》もござらぬ。刃傷に及びしは、かくあらんとかねての覚悟。ただ恨《うら》むらくは殿中《でんちゅう》にて、加古川本蔵《かこがわほんぞう》に抱《だ》き留められ……、御推察《すいさつ》下されい。

〽怒りの声ともろともに、お次の襖《ふすま》打ち叩《たた》き

（このとき、下手《しもて》襖《ふすま》の内にて、）

諸士《しょし》　郷右衛門殿、郷右衛門殿、殿御存生《とのごぞんじょう》のうち、御尊顔《ごそんがん》を拝《はい》したき一家中《いっかちゅう》の願い、この儀お取り次ぎ。

郷右衛門　しばらく。

〽郷右衛門御前《ごぜん》に向かい、

郷右衛門　お聞きの通り、一家中の願い、いかが計《はか》らいましょうや。

判官　もっともなる願いなれど、国元より由良之助《ゆらのすけ》が参るまで、無用《むよう》と申せ。

〽ハッとばかりに一間《ひとま》に向かい

郷右衛門　聞かるる通りの御意《ぎょい》なれば、由良之助殿参らるるまで、一人も御対面《ごたいめん》は叶《かな》いませぬぞ。

諸士　スリャ御対面は、

皆々　叶いませぬとな。

郷右衛門　いかにも。

〽諸士は返す言葉もなく、一間《ひとま》もひっそとしずまりける

郷右衛門　御用意。

皆々　ハア……。

（と、諸士は畳《たたみ》、白布《はくふ》、樒《しきみ》などを持ち出して、切腹のための座を設ける。判官はその座に直り、郷右衛門が鋏《はさみ》で判官の髷《まげ》の元結《もとゆい》を切る。）

〽力弥、御意《ぎょい》を承り、かねて用意の腹切刀、御前《おんまえ》に直すれば

（と、力弥が上手襖《かみてふすま》の内より、白木《しらき》の三方《さんぼう》に九寸五分《くすんごぶ》を載《の》せ、検使《けんし》に見せてから判官の前に置く。判官は顔にて立てという思入《の》れ。力弥は下手《しもて》に控《ひか》える。）

〽心静かに肩衣《かたぎぬ》取り退け、座をくつろげ

判官（両肌《もろはだ》を脱《ぬ》ぎ、切腹の用意を整え）力弥力弥。

力弥　ハッ。

判官　由良之助は。

力弥　（向うを伺《うかが》い見て）いまだ参上《さんじょう》つかまつりませぬ。
〽三方引き寄せ、押《お》し頂き、九寸五分、手に取り上げ
判官　力弥力弥。
力弥　ハッ。
判官　由良之助は。
力弥　ハッ。（と、花道の付際《つけぎわ》まで行き、向うを見て、）いまだ参上、（と言いながら元の座へ返り）つかまつりませぬ。
判官　存生《ぞんじょう》にて対面せで残念なと申せ。（と検使の方を向かい）御検使、お見届け下され。（と、判官、腹へ九寸五分を突《つ》き立てる。）
〽刀を逆手《さかて》に取り直し、弓手《ゆんで》にグッと突《つ》き立つる。廊下《ろうか》の襖《ふすま》踏《ふ》み開き、駈《か》け来る大星由良之助、主君の有様見るよりも、ハッとばかりにどうと伏《ふ》す
（花道より由良之助が駈けつけ、舞台際《ぎわ》までやって来て舞台を見て平伏《へいふく》する。石堂がそれを見て、）
石堂　国家老《くにがろう》、大星由良之助とはその方《ほう》か。
由良之助　ハッ。（と平伏する）
石堂　苦しゅうない。近《ちこ》う近う。
由良之助　ハハッ。
〽あとに続いて一家中、バラバラバラと駈け入《い》ったり

（と、由良之助が急いで舞台へと進む。下手《しもて》襖の内からは諸士が大勢《おおぜい》出て来て居並ぶ。由良之助が判官の傍《そば》へ寄ると、耳に口を寄せ、）

由良之助　大星由良之助良兼《よしかね》、只今到着《ただいまとうちゃく》。

判官　おお、由良之助か。

由良之助　ハハーッ。

判官　待ちかねたわやい。

由良之助　御存生《ごぞんじょう》の御尊顔《ごそんがん》を拝《はい》し、身にとりまして何ほどか。

判官　おお、われも満足、さだめて様子《ようす》は聞いたであろう。

由良之助　ハッ。

判官　聞いたか、聞いたか。

由良之助　ハハア。

判官　無念。

由良之助　アイヤ、この期《ご》に及《およ》び、申し上ぐる言葉とてもござりませぬ。ただ尋常《じんじょう》の御最期《おさいご》のほど、願わしゅう存じまする。

判官　言うにや及ぶ。

〽と、諸手を掛け、キリリキリリと引き廻《まわ》し、苦しき息をホッとつき

判官　由良之助、近《ちこ》う近う。

由良之助　ハハッ。

判官　この九寸五分は汝《なんじ》へ形見《かたみ》。この刀を以てわが存念《ぞんねん》を……。

由良之助　委細《いさい》。（心得て平伏する）

判官　ムムム、ハハハハハ。（満面の笑みを洩《も》らす）

〽切っ先にて笛《ふえ》かき切り、どうと倒れて息絶《た》ゆれば、薬師寺は突っ立ち上がり、

（と、判官が落ち入る。）

薬師寺　判官くたばる上からは、早く屋敷《やしき》を明け渡《わた》せ。

石堂　さな言われそ薬師寺殿。申さば一国一城の主《あるじ》、葬送《そうそう》の儀式《ぎしき》もあること。この石堂は検使の役目、切腹見届けたりし上からは、この旨《むね》を言上《ごんじょう》せん。いや、なに由良之助、愁傷《しゅうしょう》のほど察し入る。相応の用事もあらば、某《それがし》が屋敷まで必ず心置かるるな。

〽並みいる諸士に目礼し、悠々《ゆうゆう》として

（と、石堂は墨付《すみつけ》を判官の死骸《しがい》へ置き、花道へと進む。由良之助は力弥に見送りをせよと目配《めくば》りし、力弥はその後ろより付いて行く。）

石堂　（力弥を制して）あいや、そのままそのまま。

〽立ち帰る

（と、石堂は思入れあって、向こうへと入る。）

薬師寺　死骸片付けるその間、奥《おく》の一間《ひとま》で休息せん。案内いたせ。

〽館の四方を睨《ね》め廻《まわ》し、一間の内へ

薬師寺　一同愁傷じゃの。

〽入りにける

（と、薬師寺思入《おもいい》れあって、上手《かみて》襖の内へ入る。）

〽由良之助にじり寄り、九寸五分を取り納むれば

（と、由良之助は判官の手より九寸五分を取り、思入れあって袱紗《ふくさ》に包み、懐中《かいちゅう》する。）

〽御台所《みだいどころ》は一間《ひとま》より、惜《お》しや盛《さか》りの黒髪を、切って捨てたるこの世の名残《なごり》、涙ながらに出《い》で給《たま》い

（と、上手《かみて》襖の内より顔世が切り下げ髪《がみ》に白の着附《きつけ》、数珠《じゅず》を持ち、腰元《こしもと》が付き添《そ》いて出て来る。顔世、判官の死骸へ思入れあって、）

顔世　由良之助、自《みずか》らが心の内、推量してたもれ。

〽心に泣けど目に泣かぬ、武士の妻こそ是非《ぜひ》なけれ

由良之助　御台《みだい》様へ申し上げまする。この度《たび》の大変、御愁傷のほど、由良之助はじめ諸家中《しょかちゅう》一同、御悔《おくや》み申し上げ奉《たてまつ》りまする。久々にて出府の良兼《よしかね》、お目見得《めみえ》いたすかいたさぬうち、すぐにお暇乞《いとまご》いになろうとは、恐《おそ》れながら拙者《せっしゃ》が胸中、御推察《ごすいさつ》下さりましょう。（九太夫《くだゆう》の側《かたわら》へ寄り）九太夫殿、かくなる上は亡君《なきぎみ》の御亡骸《おなきがら》、御菩提所光明寺《おんぼだいしょこうみょうじ》へ送り奉《たてまつ》り、御葬送《ごそうそう》の式万端《ばんたん》、いかが取り計らいましょう。

九太夫　手前は老耄《ろうぼう》いたしおれば、万端そこもとのお取り計らいをお願い申す。

由良之助　しからば、手前が取り計らいましょう。さて諸士の面々、只今より亡君の御尊骸《ごそんがい》は光明寺へ

お送り奉《たてまつ》り、この由良之助も後より追いつき申すが、原氏《はらうじ》をはじめ、竹森、矢間《やま》、小汐田《こしおだ》、村松、菅谷《すがや》、大鷲《おおわし》、以上六人は相残《あい》り、その余の人々一同は、路次《ろじ》の警固《けいご》いたされよ。それお乗物を。

一同　ハッ。

〽言葉の下より御乗物、手昇《てが》きに昇《か》き据《す》え、戸を開き、みな立ち寄って御死骸、涙とともに乗せ奉《たてまつ》り

（と、このうち諸士たち、下手《しもて》より乗物を昇《か》き出して、判官の死骸を乗せ、切腹の座を取り片づける。力弥は香炉《こうろ》を載《の》せた経机《きょうづくえ》を持ち出して顔世の前に置く。顔世が焼香《しょうこう》をし、力弥は経机を駕籠《かご》の前に直す。由良之助、九太夫の順に焼香をし、郷右衛門がそれに続く。）

郷右衛門　いずれも、御名代《ごみょうだい》。

顔世　由良之助、近《ちこ》う。

由良之助　ハッ。

（と、顔世の前に進み出る。顔世、切髪《きりがみ》を出し、）

顔世　これ見てたも。

（と、由良之助は顔世から切髪を受け取り、乗物の内に納める。）

〽御台所は正体《しょうたい》なく、嘆《なげ》き給《たも》うをなぐさめて、諸士の面々、われ先《いち》、御乗物に引き添《そ》い引き添い、御菩提所へと急ぎ行く

（と、諸士が乗物を昇き上げ、その後より顔世、腰元、力弥が付き添って向こうへ入る。由良之助、九太夫、郷右衛門ほか六名は残る。）

〽人々御骸《おんから》見送りて、座につけば、斧九太夫

九太夫　さて大星殿、生者必滅《しょうじゃひつめつ》会者定離《えしゃじょうり》とは申せども、今更《いまさら》のように存ぜられ、まことに足の踏《ふ》みどころもなく、ただ当惑《とうわく》いたすばかりでござるが、この上は後々《のちのち》の取り計《はか》らいが大事でござる。まずはそこもとの御心中《ごしんちゅう》をお聞かせ下され、由良之助殿。

由良之助　……（無言）……。

九太夫　国元よりご出府《しゅっぷ》早々、この大変。ご即答《そくとう》も相《あい》成りますまい。老若《ろうにゃく》上下の隔《へだ》てはない。若侍《わかざむらい》の面々たち、所存《しょぞん》があらば申さっしゃれ。九太夫、よろしき方に同意をつかまつろう。ささ、御料簡《ごりょうけん》が承《うけたまわ》りたい。

諸《しょ》一　某《それがし》が存ずるには、当館《とうやかた》を足利殿《あしかがどの》へ、むざむざ渡《わた》すは残念至極《しごく》。

諸二　ことに敵《かたき》、高師直存命《ぞんめい》なるが、鬱憤《うっぷん》でござる。

諸三　主君に離《はな》れ、おめおめと生き永《なが》らえんは不忠《ふちゅう》の至り。

諸四　君辱《はず》しめらるるときは、臣《しん》死するの本分。

諸五　足利殿の討手《うって》を引き受け、華々《はなばな》しく討死《うちじに》して、

諸六　名を後代《こうだい》に残さんこと、われわれが本懐《ほんかい》と、

諸一　所存一決《しょぞんいっけつ》。

六人　つかまつってござる。

九太夫　ほう、頼《たの》もし頼もし。武士はかくこそありたきものだ。感服《かんぷく》仕《つかまつ》る。して、郷右衛門殿はな。

郷右衛門　拙者《せっしゃ》は由良之助殿の御所存《ごしょぞん》に、御同意つかまつる。

九太夫　なるほど、こりゃこうあるべきこと。この上は大星殿。貴殿の御心腹《ごしんぷく》が承りたい。御城代由良之助殿。これさ大星。

〽評議《ひょうぎ》のうちに由良之助、黙然《もくねん》としていたりしが

由良之助　九太夫殿のお言葉、ごもっともにはござれども、この由良之助におきましては、籠城《ろうじょう》殉死《じゅんし》などとは思いも寄らぬ儀《ぎ》でござる。

九太夫　して、貴殿《きでん》の御所存はな。

由良之助　まず手前が所存は、首尾《しゅび》よく当館《とうやかた》を御上使《ごじょうし》へ明け渡《わた》し、御台所《みだいどころ》は御舎弟縫野介《ごしゃていぬいのすけ》様へ預け奉《たてまつ》り、殿様これまでお貯《たくわ》えの御用金《ごようきん》を取り出し、足軽小者《あしがるこもの》にいたるまで頭割りに配分いたし、この由良之助は只今より大小、弓矢を打ち捨て、もとより二君《ふたくん》に仕《つか》える所存なければ、町人と相《あい》成り、配分の金子《きんす》をもって、百姓どもへ貸しつけ、田地田畑《でんちでんぱた》を買い求め、その利分を以て子孫の後栄《こうえい》を計る所存。まずこれよりは、算盤秤《そろばんはかり》の目をせせるが当世かと存じまする。

九太夫　何と言わるる。殿様お貯えの御用金を配分とな。ふふ……。いや、そりゃ悪かろう。見下げ果てたると申そうか。殿様存生《ぞんじょう》のうちは、いかめしく家老《かろう》と人の上に立ちながら、この期《ご》に及んで言い甲斐《かい》のなきその有様。かような者と同席いたすも穢《けが》らわしい。それに引き換《か》え、若侍の面々、頼もしき今のお言葉。この上は討死いたすと覚悟《かくご》を極《きわ》めし者は、九太夫が宅までお越し下され。いやなに、由良之助殿。とは申すものの、九太夫帰宅のその後にて、お金配分と事決まらば、何も手前一人不服は申さぬ。しかし、頭割

りは不承知《ふしょうち》だ。知行高《ちぎょうだか》に割らっせい。この九太夫は殿様お眼鏡《めがね》をもって二千石、御自分は千五百石、なりゃそこもととは五百石違《ちが》い申すぞ。いや、まだある。倅定九郎《せがれさだくろう》はいまだ部屋住みなれど、二百石頂戴《ちょうだい》いたし罷《まか》りある。さすれば両人にて二千二百石でござる。そのうちが一両でも、一分でも、虚妄《こもう》があっても大星とは言わさぬぞ。よいか、よいか、よいな。ええい、馬鹿馬鹿《ばかばか》しい。

〽畳蹴《たたみけ》立てて立ち帰る。あとに残りし若侍、左手右手《さてうて》に詰《つ》めかけ詰めかけ

諸一　いやなに、由良之助殿、日頃《ひごろ》に似合わぬ、九太夫殿の心底《しんてい》。

諸二　この上はそこもとの思《おぼ》し召《め》しによって、われわれも所存一決つかまつりとうござる。

諸三　由良之助殿、思し召しは、

六人　いかがでござる、いかがでござる。

（と、言えども由良之助が黙《だま》っているので、）

諸一　この上はいずれもござれ。

（と、みなキッとなって花道へ向かう。由良之助が声をかける。）

由良之助　待たれよ。血相《けっそう》していずれへござる。

諸一　はて、知れたこと、九太夫殿の屋敷へ参り、

諸二　亡君《なきぎみ》のご無念《むねん》を晴らさんため、

諸三　足利殿の討手を引き受け、

諸四　華々《はなばな》しく一戦なし、

諸五　城を枕《まくら》に討死《うちじに》して、

諸六　武名を残す、

六人　われわれども。

由良之助　やれ短慮《たんりょ》なり。各々方《おのおのがた》、何、恨《うら》みあって足利殿へ弓引くべきや。恐《おそ》れあり、勿体《もったい》なし。今、九太夫が申せし言葉、何とお聞きなされた。城を枕に討死と申す言葉に引き換えて、お金配分と事極《きわ》まらば、知行高に割れよと申したではござらぬか。まこと館《やかた》を枕《まくら》に討死いたす者が、金の員数《いんずう》にかかわりましょうや。今、討死して亡君《なききみ》が何やお悦《よろこ》びあるべきか。さ、血気《けっき》にはやるは匹夫《ひっぷ》の勇《ゆう》。短慮功をなさずの譬《たと》え、さりとてはまだ御料簡《ごりょうけん》が若い若い。

（と、一同、舞台へ直る。）

諸一　して、由良之助殿の、

六人　御所存とはな……。

（と、由良之助が郷右衛門に目配《めくば》りをすると、郷右衛門が正面の襖《ふすま》を開ける。）

由良之助　いずれもこれへ。

（と、六人が前へ寄る。）

由良之助　まず手前の所存と申すは、まず今日のところは作法《さほう》を乱さず、当館《とうやかた》を速《すみ》やかに御役人に引き渡《わた》して、（諸士が意気込むのを制し）ごもっとも、ごもっともじゃが、足利殿へ対し、御恨《おうら》み申す筋《すじ》はござりませぬぞ。殿様御無念の御生害《ごしょうがい》、恨むべくは唯《ただ》一人でござるぞ。御得心《ごとくしん》がまいったか。

六人　（諸士六人が顔を見合わせ、）ハハーッ。

由良之助　御得心まいりしか。さては只今も申す通り、今日のところは速やかに当館を御上使へ明け渡し、配分の金子をもって当所を引き取り、思い思いに住所を定め、またの会合お待ち下され。手前は山科《やましな》に知る辺《あたり》もござれば、ひとまず彼《か》の地へ立ち越えますれば、彼の地において深き所存をお話し申さん。まずそれまでは、ただ何ごとも隠密《おんみつ》隠密。

薬師寺　べんべんだらりと長談義《ながだんぎ》。早く屋敷を明け渡せ。

〽示し合わする折柄《おりがら》に、次郎左衛門一間《じろうざえもんひとま》を立ち出《い》で

郷右衛門　ごもっともには候《そうらえ》えども、判官所持の道具万端《ばんたん》とくと取り調べお渡し申せば、暫時《ざんじ》の御猶《ごゆう》予《よ》、偏《ひとえ》に願い奉《たてまつ》る。

薬師寺　早くいたせ。（と上手《かみて》に入る）

郷右衛門　由良之助殿。もはや退散いたそうではござらぬか。

由良之助　いかにもさよういたそう。御先祖代々。

六人　われわれも代々。

由良之助　昼夜詰めたる、

六人　館《やかた》の内。

〽今日を限りと思うにぞ、名残り惜《お》しげに見返り見返り、御門外《ごもんがい》へと立ち出《い》ずる

（と、みな愁《うれ》いの思入れ、由良之助が先に下手《しもて》に入り、時の太鼓《たいこ》にて、舞台道具が廻《まわ》る）

●作品の背景●

赤穂義士の物語や講談などの「義士伝」で言えば、浅野内匠頭の切腹の場にあたります。それが南北朝に舞台を移した「仮名手本忠臣蔵」になると、主人公の名が浅野ではなく、塩冶判官と変わるのは前段などでも説明してきた通りで、この場も塩冶判官切腹の場と変わります。

ここでは、これまでのあらすじで記《しる》した「花籠《はなかご》の場」の後に続く、「扇ケ谷塩冶館の場《おうぎがやつえんややかた》」を取り上げました。この後、塩冶判官の屋敷を出た由良之助たちが、そこへ駆《か》けつけてきた大星力弥一行と出会い、諸士と同じようにはやる気持ちにある力弥たちを押さえ、由良之助が判官切腹の形見の刀を見つめ、その覚悟を固めるという「扇ケ谷塩冶館 表門《おもてもん》の場」が続き、「四段目」が終わります。

落語では芸居噺のジャンルの中に、大店《おおだな》の小僧が一人でこの場を演じ興じる、その名もズバリの『四段目』。そして、判官がどのような思いで腹を切るのか。その演技の方法に心を悩ます歌舞伎俳優の姿を描いた『淀五郎』という噺があります。

数ある歌舞伎作品の中でも、人気のある演目でもあり、これまで多くの名優が演じてきましたが、近年では現松本白鸚《まつもとはくおう》による大星由良之助の名演《めいえん》が知られています。

知っておきたい用語集

扇ヶ谷《おうぎがやつ》　神奈川県鎌倉市の地名。元々亀ヶ谷《かめがやつ》の一部であったが、室町時代に上杉氏が居を定め、扇谷上杉氏《おうぎがやつうえすぎし》と称《しょう》してからそう呼ばれるようになった。鎌倉五山《ござん》（臨済宗の格式の高い五つの寺）第三の寿福寺《じゅふくじ》がある。

上使《じょうし》　幕府《ばくふ》、朝廷《ちょうてい》などから諸《しょ》大名などに上意《じょうい》を伝えるために派遣《はけん》された使者。後出「上意」も参照。

違《ちが》い鷹《たか》の羽の紋《もん》

→違い鷹の羽　紋所《もんどころ》（家ごとに定めている紋章）の名。鷹の羽二枚を交差させたデザイン。ちがいだか

薄《うす》べり　藺草《いぐさ》で織《お》った筵《むしろ》に布の縁《ふち》をつけた敷物《しきもの》。薄縁。

琴歌《ことうた》　琴に合わせて唄《うた》う歌。歌舞伎下座《げざ》音楽の一つで、時代物の御殿《ごてん》の場の幕《まく》開きなどに用い、普通は三味線《しゃみせん》を伴奏《ばんそう》とする。

昵懇《じっこん》　親しい間柄《あいだがら》。

奉書《ほうしょ》　天皇や将軍などの意向や決定を指図する文書。

上意《じょうい》　主君《しゅくん》の意見。上に立つ者や支配者の考え、または命令。

当世様《とうせいよう》　今の世の様式。当世風、今風、今様。

ぞべらぞべら

→ぞべぞべ　長い着物などを着て、動作が不活発なさまを表す語。

死装束《しにしょうぞく》　死ぬときの装束。切腹をするときのいでたち、身なり。

面膨《つらふく》らす

→面《つら》を膨《ふく》らす　不満、不機嫌《ふきげん》な表情や態度をする。ふくれつらをする。

樒《しきみ》　モクレン科の常緑小高木《こうぼく》で山中に自生《じせい》し、墓地《ぼち》などに植える。葉は長楕円形《ちょうだえんけい》で光沢《こうたく》があり、仏前に供《そな》え、葉や樹皮から線香《せんこう》や抹香《まっこう》をつくり、材は数珠《じゅず》などとする。

元結《もとゆい》　髪《かみ》のもとどり（髪を頭の上に集めて束《たば》ねたところ。髪の根もと）を束ねる紐《ひも》や糸。もっとい。

三方《さんぼう》　檜《ひのき》の白木《しらき》でつくった折敷《おしき》（縁《ふち》つきの盆《ぼん》）の三方向に穴を空けた台。神饌《しんせん》（お供《そな》えもの）を載《の》せたりと儀式《ぎしき》用の台とする。

九寸五分《くすんごぶ》　長さが九寸五分（約三十センチメートル）あるところからついた名前で、短刀《たんとう》のこと。
付際《つけぎわ》　花道《はなみち》のある劇場で、花道と舞台《ぶたい》とが接する部分。花道のつけねの部分。
存生《ぞんじょう》　この世に生きながらえること。生存。
検使《けんし》　事実を見届けるために派遣《はけん》される使者。切腹の場に立ち会い、それを見届ける役人。
弓手《ゆんで》　左の手。
尋常《じんじょう》　特別でなく、普通であること。
さな言われそ　そんなことをおっしゃってはいけない、の意。
愁傷《しゅうしょう》　嘆《なげ》き悲しむこと。相手を気の毒《どく》に思うこと。
墨付《すみつけ》　文書、公文書。
袱紗《ふくさ》　儀礼《ぎれい》用の方形の絹布《けんぷ》で、絹《きぬ》や縮緬《ちりめん》などで一重または二重につくり、無地やめでたい柄《がら》、刺繍《ししゅう》を施《ほどこ》したもの。進物《しんもつ》（贈《おく》り物）の上に掛《か》けたり、物を包んだりするのに用いる。
腰元《こしもと》　身分の高い人のそばに仕《つか》えて雑用をする侍女《じじょ》。
御台所《みだいどころ》
→御台盤所《みだいばんどころ》　大臣や大将、将軍などの妻の敬称《けいしょう》。

光明寺《こうみょうじ》　神奈川県鎌倉市材木座《ざいもくざ》にある浄土宗《じょうどしゅう》の寺。山号《さんごう》は天照山《てんしょうざん》。
乗物《のりもの》　ここでは「駕籠《かご》」のこと。
香炉《こうろ》　香を焚《た》くのに用いる器。陶器《とうき》、または銅、金、銀などでつくる。
経机《きょうづくえ》　読経《どきょう》の際、経典《きょうてん》をのせる黒または朱《しゅ》の漆塗《うるしぬ》りの机。
生者必滅会者定離《しょうじゃひつめつえしゃじょうり》　生命あるものは必ず死ぬときがあり、会う者は必ず別れる運命にあるということ。
大小《だいしょう》　大刀《だいとう》と小刀《しょうとう》。
せせる　小刻《こきざ》みな動作をせわしなく繰《く》り返す。
虚妄《こもう》　うそ。いつわり。虚偽《きょぎ》。金品をごまかして着服すること。きょもう。
匹夫の勇《ひっぷのゆう》　思慮《しりょ》浅く、ただ血気《けっき》にはやって、がむしゃらに行動したがるだけの勇気。
短慮《たんりょ》　考えがあさはかなこと。思慮《しりょ》の足りないこと。気の短いこと。
生害《しょうがい》　自害《じがい》。自殺《じさつ》。
山科《やましな》　京都府京都市東部の地域で京より大津《おおつ》に向かう東海道の間にある地名。

歌舞伎
浄瑠璃
講談
落語

仮名手本忠臣蔵より五段目

〈かなでほんちゅうしんぐら／ごだんめ〉

歴史 人情 忠義 親子 兄弟 友情

●作品のポイント●

亡《な》き主君《しゅくん》塩冶判官《えんやはんがん》の無念《むねん》を晴らすために、大星由良之助《おおぼしゆらのすけ》をはじめとした臣下《しんか》たちは、仇討《あだうち》の準備を着々と進めていきますが、それが外に漏《も》れないようにと知恵を絞《しぼ》り、身分や姿を変え、時間をかけて、段取りをしていきます。そのときにやはり必要なのは軍資金。しかし主君とともに禄《ろく》を失った浪人《ろうにん》では収入はゼロ。

この段の主役の一人、早野勘平《はやのかんぺい》は主人の一大事に駆《か》けつけられなかったことから、負《お》い目を感じ続けています。そうした中、久し振《ぶ》りに元同僚《どうりょう》の千崎弥五郎《せんざきやごろう》と出会います。そして仇討を果たすためには軍資金を集める必要があると聞いて、勘平が取る行動とは。

主《あるじ》を思う気持ち、家族を思いやる心、自分の信念を大切にする様子と、様々な人間模様が浮かび上がってくる場面です。

【本　題】

五段目：山崎街道鉄砲渡しの場

殿中《でんちゅう》で刃傷《にんじょう》事件が起きたときに、早野勘平《はやのかんぺい》は恋人のおかるに誘《さそ》われて館《やかた》を離《はな》れていたため、主人の一大事に駆《か》けつけることができませんでした。腹を切って詫《わ》びようとする勘平をおかるは説得して思い止《とど》まらせ、二人でおかるの実家がある京都の山崎《やまざき》へと落ち延びていきます。

猟師《りょうし》となった勘平は、ある夏の夜、猟の途中で、元同僚である千崎弥五郎《せんざきやごろう》に再会し、敵討《かたきう》ちへ参加するには軍資金を出す必要があることを知ります……。

舞台《ぶたい》には後ろ黒幕《くろまく》がかかり、中央には松の大木、左右に小高い藪畳《やぶだたみ》があります。最初はその前に浅葱幕《あさぎまく》が吊《つ》ってありますが、雷鳴《らいめい》と雨音が合図《あいず》で、その幕が開かれます。

〽鷹《たか》は死すとも穂《ほ》は摘《つ》まずと、たとえに漏《も》れ入《い》ずる月や、鉄砲雨の震動雷電《しだらでん》、誰《だれ》が水無月《みなづき》と白雨《ゆうだち》の、晴れ間をここに松の影

（と雨音になり、松の根方の切り株《かぶ》に勘平が腰《こし》を掛《か》け、雨宿りをしている。）

〽向こうより来る小提灯《こぢょうちん》、これも昔は弓張《ゆみは》りの、灯火《ともしび》消さじ、濡《ぬ》らさじと、しのいで急ぐ夜の道

（と向こうより千崎弥五郎が出てきて、勘平の前を行き過ぎるのを、）

勘平　あいや、卒爾《そつじ》ながら火を一つお貸しくだされ。

〽旅人はちゃっと身構えなし

弥五郎　むむ、この街道は物騒《ぶっそう》と、聞いて合点《がてん》の一人旅、見れば飛び道具のひと口商《くちあきな》い。得《え》こそは貸さじ、出直せ出直せ。

〽びくと動かば一討《ひとう》ちと、眼《まなこ》を配《くば》れば

勘平　いや、なるほど、盗賊《とうぞく》とのお目違《ちが》い、ごもっとも。われらはこのあたりの猟人《かりうど》。先刻《せんこく》の大雨に火口《ほくち》を湿《しめ》らし難渋《なんじゅう》いたす。（鉄砲《てっぽう》を弥五郎の前へ出し）鉄砲をそれへお渡《わた》し申せば、火を移してお貸しくだされ。

〽他事《たじ》なき言葉、顔つきを、きっと眺《なが》めて

弥五郎　や、和殿《わどの》は早野勘平ならずや。

勘平　さう言う貴殿《きでん》は弥五郎殿。

弥五郎　まずは堅固《けんご》で。

勘平　貴殿もご無事《ぶじ》で。

両人　これはしたり。

〽絶えて久しき対面に、主人の御家没落《おいえぼつらく》の、胸に忘れぬ無念《むねん》の思い、勘平はさしうつむき、暫《しば》し言葉もなかりしが

勘平　面目《めんぼく》もなし、弥五郎殿。古朋輩《こほうばい》の貴殿にも、顔も得《え》上げぬ今日のしあわせ。武士の冥加《みょうが》に尽《つ》きたるか。殿判官《はんがん》のお供先《ともさき》、お家の大事起こりしは、是非《ぜひ》に及《およ》ばぬわが不運。その場にもあり会わさず、お屋敷《やしき》へは帰られず、時節を待ってお詫《わ》びをと、思いのほかのご切腹《せっぷく》。せめて冥途《めいど》のお供《とも》をと、刀に手は掛《か》けた

れど、何を手柄《てがら》にお供せん。どの面下《つら》げて言い訳せんと、心を砕《くだ》くその折から、密《ひそ》かに様子を承《うけたまわ》れば、由良之助《ゆらのすけ》殿をはじめとして、殿の鬱憤《うっぷん》散ぜんためと、寄り寄りの思《おぼ》し立ちあるとの噂《うわさ》。なにとぞ某《それがし》を御企《くわだ》ての連判《れんぱん》に……。

弥五郎　これさ、これさ勘平。身の言い訳に取り混ぜて、御企ての、連判などとは、何のたわごと。さような噂かつてなし。某《それがし》は亡君《なききみ》の御廟所《ごびょうしょ》へ、御石碑《せきひ》を建立《こんりゅう》せんとの催《もよお》し。しかしわれわれとても浪人の身の上、これこそ塩冶判官《えんやはんがん》殿の御石塔《せきとう》と、御用金《ごようきん》を集むるそのお使い。亡君の御恩《ごおん》を思う人を選び出すため、わざと大事を明かされず、まこと亡君のご恩を思わば……な。

〽石碑になぞらえ大星《おおぼし》の、企《たく》みをよそに知られしは、実《げ》に朋輩のよしみなり

（と、四方を見回して、小声で耳元にささやき、目顔でやり取り。勘平は頷《うなず》き、）

勘平　はは、かたじけなし弥五郎殿。某《それがし》も御用金を調《ととの》え、それを力にお詫びなさん。幸いかるが親、与《よ》市兵衛《いちべえ》と申すは頼《たの》もしき百姓、元の武士に立ち返ると言い聞かさば、わずかの田地もわが子のため、何しに否やは申すまじ。明々日《みょうみょうにち》には金子《きんす》調《とと》え、貴殿にお手渡《てわた》しつかまつらん。何卒《なにとぞ》由良之助殿へお執《と》り成《な》しをお願い申す。

弥五郎　しからば貴殿の思《おぼ》し召《め》し、大星殿へ願うてみん。して、其《そ》の許《もと》のお住居《すまい》は。

勘平　手前住居は、この山崎の渡《わた》し場を左へ取り、百姓与市兵衛とお尋《たず》ねくだされば。して、其《そ》の許《もと》の御旅宿《たびやど》は。

弥五郎　手前が旅宿は三条小橋《さんじょうこはし》、家主吉兵衛《いえぬしきちべえ》とお尋ねくだされ。（火口《ほくち》へ提灯《ちょうちん》の火を移す）しからばこ

れにてお別れ申す。
勘平　あいや、弥五郎殿、この先はなお物騒《ぶっそう》。必ずともに御油断召《め》さるな。
弥五郎　なにさなにさ、石碑成就《じょうじゅ》のそれまでは、ノミにも食わさぬこの身体《からだ》、御辺《ごへん》も堅固《けんご》で。
勘平　さようなれば弥五郎殿。
弥五郎　勘平殿。
両人　お別れ申す。
〽さらばさらばと両人は引き別れてぞ
（と弥五郎は上手へ、勘平は花道を入る。）

山崎街道二つ玉の場

舞台は後ろ黒幕。中央には古びた掛稲《かけいね》があり、上下《かみしも》には藪畳《やぶだたみ》。下手《しもて》には松の木が置かれている。時の鐘《かね》が鳴り、雨が降っている。
〽またも降り来る雨の足。人の足音とぼとぼと、直《す》ぐなる道の堅親仁《かたおやじ》
与市兵衛　（花道より杖《つえ》を突き、提灯を下げて現れる）あっ、えらいことしてしもうた。火を消してしもうた。困ったことじゃな。いやしかし、ここから在所まではわずかな道のり、勝手知ったる道じゃ。雨も幸い小降《こぶ》りになったし、どりゃ、ここで一休みして行こうか。ああ、くたびれたわい。娘や婆《ばば》が俺《おれ》の帰りを待っていようが、戻《もど》って話をしてやったら、さぞ喜ぶことであろう。なんでも今度、婿殿《むこどの》を世に出すには、

大枚のお金がいるとのこと。どうしようかと思案《しあん》をしているところへ、娘のおかるがけなげにも、身体《からだ》を売って、金拵《こしら》えてくだされとやさしい言葉。それゆえ、早速祇園町《ぎおんちょう》の一文字屋《いちもんじや》様へ行き、これこの通り、金を受け取ったが、勤め奉公《ぼうこう》するというも、夫のためなら恥《はじ》じゃない。早う戻《もど》って娘や婆にこの金を見せ、喜ぶ顔が見たいものじゃ。ありがとうございます。

(と金を押《お》し頂く。と、このとき、斧定九郎《おのさだくろう》が稲村《いなむら》の中から手を出し、財布《さいふ》をひったくる。)

与市兵衛　や、こりゃ財布を。誰《だれ》じゃ、何をするのじゃ。

(と立ち上がると、そこへ定九郎が出て来て、与市兵衛を刺《さ》し殺す。定九郎は財布を奪《うば》い取ると、それを口にくわえて、血刀《ちがたな》を拭《ぬぐ》う。刀を鞘《さや》へ納めて、金を数え、)

定九郎　五十両〜ッ。

〽死骸《しがい》をすぐに谷底へ、跳《は》ね込《こ》み蹴込《けこ》み泥《どろ》まみれ。跳ねはわが身にかかるとも、知らず立ったる向こうより

(と与市兵衛の死骸を上手《かみて》の藪《やぶ》の中へ送り、傘《かさ》を開いて肩《かた》にかかげて、花道へ行きかける。すると向こうより猪《しし》が出て来たので、定九郎は稲村へ隠《かく》れる。猪は上手《かみて》へと入っていく。定九郎が猪をやり過ごして、稲村を出て下手《しもて》へ行きかける。)

〽あわやと見送る定九郎が、背骨をかけてどっさりと、あばらへ抜《ぬ》ける二ツ玉、ふすぼり返って死してけり

(そこへ本鉄砲《ほんてっぽう》の音が鳴《な》り響《ひび》くと、定九郎は苦しみもがきはじめ、血を吐《は》いて倒《たお》れる。)

〽猪《しし》打ちとめしと勘平が

(勘平が花道より走り出てきて、二度目の鉄砲を放ち、火縄《ひなわ》を振《ふ》りながら歩いてやって来る。それが松の

木へ当たり、火縄が消える。勘平は手探りをして、）

勘平　こりゃ、人……。

（薬を探すような様子で胸元《むなもと》へ手を当てると、財布が出てきたので、驚《おどろ》いて下手《しもて》へ進む。しかし再び戻《もど》り、財布を取り上げようとすると、財布の紐《ひも》が定九郎の首に掛《か》かっているので、刀でそれを切り、財布を自分の懐《ふところ》へ。そして鉄砲を抱《かか》えて、足早に花道を進んで行く。）

〽飛ぶが如《ごと》くに……

（と鉄砲を取り、花道へ進んでいく。）

●作品の背景●

主君塩冶判官のための仇《あだ》を討《う》とうという大星由良之助たちによるメインの物語とは外《はず》れますが、事件の発端と、それ以降《いこう》の大星たちの動きには、どんな人間関係とその心理があったのかが垣間《かいま》見られる場です。

また、後半で斧定九郎《おのさだくろう》（赤穂《あこう》の家臣《かしん》ですが、討《う》ち入りには参加せず、失踪《しっそう》をしたとされる大野群右衛門《おおのぐんえもん》がモデル。「四段目」や「七段目」に登場する、大星と袂《たもと》を分かち、高家《こうけ》側についた斧九太夫《おのくだゆう》の息子）が五十両を盗《ぬす》むも、その定九郎もまた命を落とす場面は、落語『中村仲蔵《なかむらなかぞう》』でも題材にされる有名な場面です。

さらに、このあとに紹介《しょうかい》する「七段目」のメインで登場する、おかるがどういう人物であるのかを知ることもできる場面です。

知っておきたい用語集

殿中《でんちゅう》　将軍の居る所。居城《きょじょう》。

刃傷《にんじょう》　刃物《はもの》で人を傷《きず》つけること。

山崎《やまざき》　京都府乙訓郡大山崎町《おとくにぐんおおやまざきちょう》の地名。天王山《てんのうざん》の東側のふもとにあたり、京都と大坂を結ぶ交通の要地であった。山崎の戦いの古戦場で知られる。

藪畳《やぶだたみ》　藪が一面に重なって茂《しげ》っている所。歌舞伎の大《おお》道具の一つで、葉の茂った竹を短く切り取り、それを束《たば》ねて木の枠《わく》に取り付けたもの。

浅葱幕《あさぎまく》　歌舞伎で用いる幕の一種。あさぎ色（青みをおびた薄《うす》い緑色）の無地《むじ》の木綿《もめん》でつくり、本幕《ほんまく》（引幕《ひきまく》）の内側に吊《つ》り、これを落として舞台《ぶたい》の光景を一変させるために用いる。

鷹《たか》は死すとも穂《ほ》は摘《つ》まず　高潔《こうけつ》な人はどんなに困窮《こんきゅう》しても、道理に合わない金品を得ようとはしない。鷹は飢《う》えても穂をつまず。

鉄砲雨《てっぽうあめ》の振動雷電《しだらでん》　鉄砲の弾《たま》のような大粒《おおつぶ》の雨が、地《じ》震《しん》・地鳴り・雷《かみなり》・稲妻《いなずま》が同時に起こったように激しく降るさま。振動雷電は「しんどうらいでん」と読むが、ここでは長唄《ながうた》の口調《くちょう》を記した。

水無月　陰暦の六月の別名。

弓張《ゆみは》り
↓弓張提灯《ゆみはりぢょうちん》　竹を弓のように曲げ、その上下に引っ掛《か》けて張り開くようにした提灯。

卒爾《そつじ》ながら　人に声を掛《か》けたり、物を尋《たず》ねたりするときに使う語。突然《とつぜん》で失礼だが。

飛び道具　遠くから飛ばして敵を打ち倒《たお》す武器。弓矢や銃砲《じゅうほう》の類。

ひと口商《あきな》い　一言で売買《ばいばい》の決定をする商い。一言で成立する商取引。

火口《ほくち》　火打石《ひうちいし》で火をおこすとき，最初に火を燃え上がらせるために用いる物。

和殿《わどの》　二人称。対等またはそれ以下の相手に対して、親しみの気持ちをこめて用いる。そなた。

古朋輩《こほうばい》　昔の同僚《どうりょう》。昔の仲間《なかま》。

冥加《みょうが》　知らないうちに受ける神仏の援助《えんじょ》、保護。冥《みょう》利《り》。非常に好運であること。

御辺《ごへん》　二人称の人代名詞。対等またはやや目上の相手に対して武士《ぶし》などが用いた。そなた。貴公《きこう》。貴殿《きでん》。

寄《よ》り寄《よ》り　時々。おりおり。

廟所《びょうしょ》　先祖や貴人《きじん》の霊をまつってある殿堂《でんどう》。墓場、墓所《ぼしょ》。

三条小橋《さんじょうこはし》　京都の三条通りの高瀬川に架《か》かる橋。近くには新選組《しんせんぐみ》にまつわる池田屋がある。

掛稲《かけいね》　刈《か》り取ったあとに、乾《かわ》かすために、稲木《いなぎ》などにかけた稲。

時《とき》の鐘《かね》　一般的には時刻を知らせるために打つ鐘であるが、ここでは歌舞伎の囃子《はやし》の一つで、寂しい情景を強める効果を出すために打つ。

祇園《ぎおん》　京都府京都市東山区の八坂神社《やさかじんじゃ》（祇園社）のある周辺の地名。門前町《もんぜんまち》として発達し、花街《はなまち》としても知られる。

ふすぼる　炎《ほのお》が立たず、煙だけ出して燃える。くすぶる。燻《くす》ぼる。

歌舞伎
浄瑠璃
講　談
落　語

仮名手本忠臣蔵より七段目
（かなでほんちゅうしんぐら／しちだんめ）

●作品のポイント●

亡《な》き主君塩冶判官《しゅくんえんやはんがん》の無念《むねん》を晴らすために、浪士《ろうし》となった臣下《しんか》たちは秘密裡《ひみつり》に仇討《あだうち》の準備を始めています。しかし、それが外に漏《も》れては大変なこと。勿論《もちろん》、高家《こうけ》（高師直《こうのもろなお》）側《がわ》の者たちも、大星由良之助一行《いっこう》の様子は気になるところで探《さぐ》りを入れています。

「忠臣蔵」というと、そうした浪士の外にもらせぬ思いであったり、家族や妻、大切な人との別れといったものが多く描《えが》かれますが、この「七段目」の「祇園一力茶屋《ぎおんいちりきぢゃや》の場《ば》」は明るく華麗《かれい》な場面で彩《いろど》られます。

その一方で、主君を思い続け、仇討を果たすことを心に誓《ちか》うも、それを敵ばかりではなく、仲間にも悟《さと》られてはいけないと、自分に言い聞かせている大星由良之助《おおぼしゆらのすけ》の深い思いであったり、様々な人間模様が描《えが》かれていることを意識しながら読み進めていくと、大星の気持ちや浪士たちの思いといったものが感じられるはずです。

歴史
人情
忠義
親子
兄弟
夫婦

本題に入る前に

殿中《でんちゅう》での事件が起こってから半年後の京都が舞台《ぶたい》です。祇園町《ぎおんちょう》の一力茶屋《いちりきぢゃや》では、仇討《あだうち》のことなどすっかり忘れてしまったかのように、酒色《しゅしょく》に溺《おぼ》れる由良之助《ゆらのすけ》が今日も興じています。同じ茶屋では、高家側《こうけがわ》の鷺坂伴内《さぎさかばんない》が、元は塩冶家《えんやけ》の家老《かろう》でしたが、敵方である師直《もろなお》側に寝返《ねがえ》った斧九太夫《おのくだゆう》とともに由良之助の動向を見張っています。

するとそこへ、塩冶側の足軽寺岡平右衛門《あしがるてらおかへいえもん》の案内で、浪士《ろうし》の矢間重太郎《やざまじゅうたろう》、千崎弥五郎《せんざきやごろう》、竹森喜多八《たけもりきたはち》の三人が訪ねてきます。由良之助の体《てい》たらくを見て、怒《おこ》り出す三人ですが、それもこれも高家の目を欺《あざむ》くための大星の作戦。そこへ一通の手紙が届けられることから、また一つの事件が始まります。

手紙を盗《ぬす》み読みするおかるは、塩冶判官の正室《せいしつ》に仕えていた腰元《こしもと》で、「五段目」にも登場した塩冶家の家《か》臣早野勘平《しんはやのかんぺい》の恋人であり、寺岡平右衛門の妹です。

【本　題】

七段目：祇園一力茶屋《ぎおんいちりきぢゃや》の場《ば》

舞台は祇園町一力にある茶屋。

「花に遊ばば」の唄《うた》で幕が開き、花道より矢間重太郎、千崎弥五郎、竹森喜多八といった塩冶家の家臣たちが、寺坂平右衛門を供《とも》に、大星《おおぼし》由良之助の様子を伺《うかが》いにやって来ます。

寺坂が足軽の身分ではあるが、敵討《かたきう》ちに参加させて欲しいと頼《たの》むと、大星から返ってきた答えは、敵討ちをする気持ちなど毛頭《もうとう》ないというもの。矢間、千崎、竹森の三人は怒《いか》り心頭《しんとう》に発しますが、寺坂がそれをなだめます。そして三人と入れ替《か》わるように、大星の息子である力弥《りきや》が登場します……。

〽月の入《い》る山科《やましな》よりは一里半、息を切ったる嫡子《ちゃくし》力弥、内を透《す》かして正体《しょうたい》なき、父が寝姿起こすも、人の耳近しと、枕元《まくらもと》に立ち寄って、轡《くつわ》にかわる刀の鍔音《つばおと》、鯉口《こいぐち》しゃんと打ち鳴らせば、むっくと起きて

（花道から力弥が着流しに、大小《だいしょう》を差し、頬冠《ほおかむ》りの姿で、状箱《じょうばこ》を持って登場する。由良之助の傍《そば》へ行き、鍔音をさせて門口《かどぐち》まで戻ると、由良之助は起き上がり、庭下駄《にわげた》を履《は》き、謡《うたい》を口ずさみながら、花道に置かれた枝折戸《しおりど》の傍までやって来て、）

由良之助　こりゃ力弥、鯉口の音響《ひび》かせしは、急用なるか。

力弥　はッ、御台様《みだいさま》より、火急《かきゅう》の御状《ごじょう》。

（力弥が文箱《ふばこ》を渡《わた》すと、由良之助は懐中《かいちゅう》で状を取り出し、文箱を戻《もど》す。）

由良之助　して、ほかに御口上《ごこうじょう》はなかりしか。

力弥　近々、敵《かたき》……。

由良之助　あ、これ。敵と見えしは群れ居る鷗《かもめ》。（うたいながら舞台まで戻り、あたりを窺《うかが》い、また枝折戸の所へと戻《もど》る。力弥から耳打ちをされると）その方《ほう》は宿へ帰り、夜明けのうちに迎《むか》いの駕籠《かご》。行け行け。

力弥　はッ。

この間

今は師直《もろなお》側の斧九太夫《おのくだゆう》が敵討《かたきう》ちの意志を確認すると、大星はそのつもりはないと告げます。そして酒盛りがはじまると、翌日は主君塩冶判官の命日にもかかわらず、大星は勧《すす》められるがままに、生臭物《なまぐさもの》を口にし、敵討ちをする気のない様子《ようす》を見せます。

鷺坂伴内《さぎさかばんない》と九太夫が、大星が置いて行った刀を手に取ると、その刃が錆《さ》び付いていることから、大星の言うことを信じることにします。しかし先程、力弥が持参した書状の中身が気になるので、九太夫は縁《えん》の下《した》へ隠《かく》れて、さらに様子を伺《うかが》うことにします。

〽折柄《おりがら》に、二階へ勘平が妻のおかるは酔醒《えいざ》まし、はや里馴《な》れて吹く風に、憂《う》さを晴らしているところへ

(二階の障子《しょうじ》が開くと、おかるが団扇《うちわ》を持って座っている。奥《おく》から由良之助が出て来て、)

由良之助　ちょと、覗《のぞ》いて来るぞよ。由良之助ともあろう侍《さむらい》が、大事の刀を忘れたではすまぬ。取って来るその間に、掛物《かけもの》も掛け直し、炉《ろ》の炭もついで置きゃ。おお、その三味線《しゃみせん》、踏《ふ》み折るまいぞ。これ、九《く》太夫《だゆう》殿はいずれへ行かれた。これ、九太夫殿、九太夫殿。九太夫はもう、往《い》なれたそうな。

〽父よ母よ泣く声聞けば、妻に鸚鵡《おうむ》のうつせし言の葉。ええ、何んじゃいなおかしゃんせ

(由良之助は手水鉢《ちょうずばち》で手を洗い、力弥から受け取った文《ふみ》を取り出し、立ったままそれを読む。)

〽あたり見廻《みまわ》し由良之助、釣燈籠《つりどうろう》の灯《あか》りを照らし、読む長文《ながふみ》は御台《みだい》より、敵《かたき》の様子細々《こまごま》と、女の文の後や

先、まいらせ候《そろ》ではかどらず。余所《よそ》の恋よと羨《うらや》ましく、おかるは上より見おろせど、夜目遠目《よめとおめ》なり字性《じしょう》も朧《おぼろ》、思いついたる延《の》べ鏡《かがみ》、出して写して読み取る文章

（おかるが延べ鏡を取り出し、それに大星の文《ふみ》を写して読む。縁の下では、大星の読んでいる巻き手紙が垂《た》れて来たので、それを九太夫が盗《ぬす》み読む。）

〽下家《したや》よりは九太夫が、繰りおろす文月影《ふみつきかげ》に、透《す》かし読むとは神ならず、ほどけかかりしおかるが簪《かんざし》、ばったり落つれば、下にははっと。見上げて後ろへ隠《かく》す文。縁の下にはなお笑《え》つぼ、上には鏡の影隠し

（おかるの簪が落ちたので、由良之助が驚《おどろ》いて、それまで読んでいた文を後ろへ隠す。九太夫は慌《あわ》てて手紙を引き切り、縁の下へ隠れる。）

かる　（下を見て）由良さんかい。

由良之助　そちゃ、おかるか、そもじはそこに何してぞ。

かる　わたしゃお前に盛りつぶされ、あまりの辛《から》さに酔覚《えいさ》まし、風に吹かれているわいなあ。

（由良之助は読んでいる文《ふみ》の端《はし》が切れていることに気づき、懐紙《かいし》を出して下に放る。そして九太夫がそれを手に取るのを目にする。）

由良之助　ようまあ風に吹かれていやったのう。おかる、そもじに話したいことがあるが、屋根《やね》越しの天《あま》の川《がわ》で、ここからは言われぬ。ちょっと下《お》りて来てたもらぬか。

かる　話したいとは、頼《たの》みたいことかえ。

由良之助　まあ、そんなものじゃ。

かる　そんなら、廻《まわ》って来やんしょ。
由良之助　いやいや、段梯子《だんばしご》を下《お》りたれば、仲居どもが見つけて、酒にしよう。おお、幸いここに九《ここの》つ梯子。これを踏《ふ》まえて下りてたも。
〽小屋根《こやね》にかくれば
（二階へと梯子をかけ、おかるが下りかけると、）
かる　この梯子は勝手が違《ちご》うて、怖《こわ》いわいなあ。
由良之助　危ない怖いは昔のこと。三間《さんけん》ずつまたいでも、赤膏薬《あかごうやく》もいらぬ年配《としばい》。
かる　あほう言わすんな。船に乗ったようで怖いわいなあ。
由良之助　道理で船玉様《ふなだま》が見ゆる。
かる　ええ、覗《のぞ》かんすな。
由良之助　洞庭《どうてい》の秋の月を拝《おが》み奉《たてまつ》るじゃ。
かる　そのようなこと言うたら、下りゃせぬぞえ。
由良之助　下りずば身どもが下ろしてやろ。生娘《きむすめ》のように逆縁《ぎゃくえん》ながら。
〽じっと抱《だ》きしめ抱き下ろし
由良之助　これ、おかる、そもじは何ぞ御覧《ごろう》じたか。
かる　いいえ。
由良之助　いや、見たであろう、見たであろう。

かる　なんじゃやら、おもしろそうな文《ふみ》を、
由良之助　あの二階から。
かる　あいなあ。
由良之助　残らず読んだか。
かる　おお、くど。
由良之助　こりゃ、身の上の大事とこそはなりにけり。や、ハハハハハ。
かる　なんのことじゃぞいなあ。
由良之助　なんのこととは、これ、おかる。古いが惚《ほ》れた。女房になってたもらぬか。
かる　おかんせ。嘘《うそ》じゃ。
由良之助　嘘から出たまことでなければ、根が遂《と》げぬ、応と言や。
かる　いや、言うまいわいなあ。
由良之助　そりゃまた、なぜに。
かる　さあ、お前のは、嘘から出たまことでのうて、まことから出た、みんな嘘、嘘。
由良之助　いや、嘘でない証拠《しょうこ》、今宵《こよい》のうちに身請《みう》けしょ。
かる　いえ、私には。
由良之助　さ、間夫《まぶ》があるなら添《そ》わしてやろう。暇《ひま》が欲しくば暇もやろ。侍冥利《さむらいみょうり》、三日なりとも囲うたら、それからあとは勝手次第《しだい》。

かる　あれ、嬉《うれ》しゅうござんすと言わしておいて笑おうての。

由良之助　いや、すぐに亭主に金渡《わた》し、つい今の間《ま》に埒《らち》あきょ。気づかいせずと待っていや。金渡して来る間、どこへも往《い》きゃるな。これ、女房じゃぞ。

かる　それもたった三日。

由良之助　それも合点《がてん》。

かる　嬉《うれ》しゅうござんす（手を合わせる）。

由良之助　こりゃ、かる、この由良之助に請け出されるが、それほどまでに嬉しいか。

かる　あいなあ。

由良之助　嬉しそうな顔わいや（扇《おうぎ》を開き、顔をそむけ、奥へと入っていく）。

〽世にも因果《いんが》な者なら、私《わし》が身じゃ、可愛《かわい》い男に幾世《いくよ》の思い。ええ、なんじゃいな、おかしゃんせ、忍《しの》び音《ね》に泣く小夜千鳥《さよちどり》

（おかるが手を叩《たた》くと、奥から仲居《なかい》が出て来る。おかるが硯箱《すずりばこ》を持って来てくれと頼《たの》むと、それを持ってくるので、おかるは文を書き始める。）

〽折から出て来る平右衛門

平右衛門　（おかるのいる部屋へ入って来て）もし、お女中、ちとものが尋《たず》ねたいが、山崎から来ている、かるという女をご存じなら、どうぞ教えてもらいたい。

かる　（文《ふみ》を書きながら）ええ、なんじゃやら、そのようなこと、こちゃ知らぬわいなあ。

平右衛門　たしかにこの家《や》と聞き及《およ》ぶ。是非《ぜひ》そのおかると申す者に、会わねばならぬ用事もあれば、心当たりがあるならば、教えて下され。

かる　ええ、邪魔《じゃま》くさい。人の心も知らずに、よそへ行って尋《たず》ねて見やしゃんせ（硯箱を持って下手《しもて》へ）。

平右衛門　（そのあとに従って）誰《だれ》に尋ねてよかろうやら、勝手は知れず、気の毒《どく》ながら教えて下さるまいか。これ、お女中、面倒《めんどう》ながらお頼み申すじゃ。

かる　ええ、また言わしゃんすかいなあ。知らぬと言えば（上手《かみて》へ行く）。

平右衛門　さ、そこを私が、折り入って頼みます。（相手の顔をよく見て）……や、わりゃ妹か。

かる　お前は兄さんか、恥《は》ずかしい。こりゃ、どうしょう、どうしょう、面目《めんぼく》ないわいなあ。

平右衛門　なんの面目ないことがあろう。関東よりの戻《もど》り掛《が》け、母者人《ははじゃびと》に会《お》うて残らず聞いた。夫のため、ご主《しゅ》のため、よく売られた。でかした、でかした。でかしたなあ。

かる　そんなら叱《しか》ってじゃないかえ。

平右衛門　なんの叱ってよいものか。この兄は褒《ほ》めているわえ、褒めているわえ。

かる　そう思うて下さんすりゃ、わたしゃ嬉しい。まあ、何から言うたらよいやら。早速ながら尋ねたいというは、あの、勘……。いえ、かかさんはお達者《たっしゃ》でござんすかえ。

平右衛門　おお、母者人《ははじゃびと》は何時《いっ》もご無事で、どこ一つ悪いということはない。案じゃるな。

かる　それ聞いて落ち着いた。あの、父さんは変わることはないかえ。

平右衛門　おお、達者だ。

かる　まだまだ、あの……、何……はまめでござんすかえ。
平右衛門　あの、何とは。
かる　兄さん、大概《たいがい》分かりそうなものじゃわいなあ。
平右衛門　俺《おれ》にゃ、わからねえ。
かる　兄さん、あの、勘平さんのことじゃわいなあ。
平右衛門　おお、勘平か。うう……、達者だ、達者だ。大達者だ。
かる　ああ、やれやれ、それを聞いてようよう落ち着きました。嬉しいと言えば喜んで下さんせ。思いがけのう、今宵《こよい》、請《う》け出さるるはずじゃわいなあ。
平右衛門　それは重畳《ちょうじょう》。して、どなたのお世話で。
かる　あの、お前もご存じの、大星由良之助様のお世話でなあ。
平右衛門　なに、あのご家老由良之助様に請け出さるる。それはまた、下地《したじ》からのお馴染《なじ》みということか。
かる　なんのいなあ。この中《じゅう》から二三度酒の相手に出たばかり。間夫《まぶ》があるなら添《そ》わしてやろ、暇《ひま》が欲しくば暇やろと、結構過ぎた身請けの相談。
平右衛門　そんなら、そちを勘平が女房《にょうぼう》とご存じあってか。
かる　いいえ、知らずじゃぞえ。親、夫の恥《はじ》なれば、なんの明かしてよいものかいなあ。
平右衛門　むむ、そんならいよいよ、本心放埒《ほんしんほうらつ》。ご主の仇を討とうという所存はないに極《きわ》まったな。

かる　兄さん、あるぞえ、あるぞえ。
平右衛門　なに、あるとは何が。
かる　高《たこ》うは言われぬ、もし。
〽こうこうとささやけば
かる　（平右衛門に耳打ちをして）……じゃわいなあ。
平右衛門　そんならその文《ふみ》、残らず読んだか。
かる　残らず読んだその後で、互いに見交《か》わす顔と顔。それから、じゃら、じゃら、じゃらつき出して身請けの相談。
平右衛門　そんなら何か、文を残らず読んだその後で、互いに見交わす顔と顔。それから、じゃら、じゃら、じゃらつき出して……。よめた！
かる　おお、びっくりするわいなあ。
平右衛門　（奥《おく》へ向かい）こりゃ、こうなくちゃあならねえところだ。さようなお心とも露《つゆ》知らず、最前からの悪口雑言《あっこうぞうごん》、よくこの口が曲がらなんだ。まっぴらご免《めん》なされて下さりませ。そのお心なら、貴方様《あなた》がお手を下すまでもござりませぬ。これは手前の妹でござります。
かる　兄さん、お前一人で、何を言うていやしゃんすぞいなあ。
（両人が顔を見合わせて笑い合う。）
平右衛門　これ妹、久し振《ぶ》りに会ったこの兄が、お前に折り入って頼《たの》みたいことがあるが、なんと聞いちゃくれまいか。
かる　他ならぬ兄さんの頼み、なんなりと聞こうわいな。
平右衛門　そんなら聞いてくれるか。実はその頼みというはな。
かる　その頼みとはえ。
平右衛門　その頼みというはな……。妹、われが命は兄が貰《もら》った！
（平右衛門がおかるに斬《き》りかかっていく。二人の立ち回りがあって、おかるは花道に置かれる枝折戸《しおりど》まで逃《に》げていく。）
かる　もし、兄さん、私に何科《とが》あって斬《き》らしゃんす。勘平という夫もあり、きっとした二親《ふたおや》もあるからは、お前のままにはならぬぞえ。
（平右衛門が手で制し、あたりの様子を窺《うかが》う。）
かる　とさあ言うたが、悪けりゃ、あやまりましょう。もし、兄さん、これ、この通り、手を合わせて拝《おが》むわいなあ。
〽手を合わすれば平右衛門、抜《ぬ》き身を捨ててどうと伏《ふ》し、悲嘆《ひたん》の涙にくれけるが
平右衛門　こりゃあ、俺《おれ》が悪かった。訳も言わずに斬りつけたので、さぞびっくりしたであろう。堪忍《かんにん》してくれ。したが妹、どうしてもお前に話さにゃならぬことがある。もう決して何もしねえから、ちょっとここまで来てくれ。
かる　いえいえ、そこへは行くまいわいなあ。

平右衛門　兄がここへ来いと言うのに、なぜ来ぬのじゃ。
かる　それじゃと言うて、また私を斬ろうと思うて。それじゃによって嫌《いや》じゃわいなあ。
平右衛門　ええ、どうもしやせぬから、ここへ来いと言うに。
かる　それじゃと言うて、そのようなもの持っていやしゃんすから、行かれぬわいなあ。
平右衛門　なに、これか。（抜《ぬ》き身を鞘《さや》へ納めて）さ、この通りじゃ。もう怖《こわ》いことはない。さ、そちに話すことがある。早く来やれ。
かる　まだあるわいなあ。お前の腰《こし》にあるわいなあ。それじゃによって、行かれぬわいなあ。
平右衛門　これは武士の魂《たましい》……。わかった。さあ、この通りじゃ。なんの気遣《きづか》いなことがあるものか。ここへ来い（大小《だいしょう》をおかるの方へ投げる）。
かる　あいあい、ようござんす。
平右衛門　早く来てくれ。そして話を聞いてくれ。
かる　さあ、行くには行くが、そのような怖い顔をしては行かれぬわいなあ。お前、そちらを向いていやしゃんせ。
平右衛門　ええ、面倒《めんどう》な。こうか（後ろ向きになる）。
かる　（大小を隠《かく》して、平右衛門の後ろから抱《だ》き留める）さあ、兄さん来たが、なんじゃいなあ。
平右衛門　髪《かみ》の飾《かざ》りに化粧《けわい》して、その日その日は送れども、可愛《かわい》や妹、わりゃ何にも知らねえな。
かる　なに、知らぬとはえ。

平右衛門　親、与市兵衛様はなあ、六月二十九日の夜。
かる　父《とと》さんはえ。
平右衛門　人に斬られて、お果てなされた。
かる　ややや。そりゃまあ、ほんのことかいなあ。
平右衛門　こりゃこりゃ、まだまだそんなことじゃねえ。あとにはどえらいのがある。びっくりするな。そなたが請《う》け出され、添《そ》おう添おうと思う勘平はな。
かる　その勘平殿は、どうぞしやしゃんしたぞえ。
平右衛門　その勘平はな……。
かる　そんなら良い女房《にょうぼう》さんでも持たしゃんしたかえ。
平右衛門　ええ、そんな浮いたことじゃねえわえ。
かる　そんなら兄さん、勘平さんはどうしなさんしたぞいなあ。
平右衛門　あの勘平はな。
かる　勘平殿はえ。
平右衛門　腹切って死んだわやい。
かる　ええええ、むう。
〽と、びっくり差し込む癪《しゃく》
（おかるは癪が起こり、身体を反《そ》り返らせる。平右衛門は驚《おどろ》いて、水を飲ませるなどして介抱《かいほう》をする。）

平右衛門　これ、おかる。これ、妹。気をしっかりと持ってくれ。

かる　兄さん、どうしょう、どうしょう。どうしょうぞいなあ。

平右衛門　おお、その嘆《なげ》きはもっとも、もっとも。話せば長いことながら、おいたわしいは母者人《ははじゃびと》。言い出しては泣き、思い出しては泣き、このことを娘かるに聞かしたら、泣き死にするであろう。必ず言うてくれるなとのお頼みなれど、とても逃《のが》れぬわれらが命。という訳はな、忠義一図《いちず》に凝《こ》り固まった由良之助様、お前が勘平の女房と知らねば、請け出す義理もないし。もとより色にはなお耽《ふけ》らず。見られた状が一大事。請け出して刺《さ》し殺す、思案《しあん》の底と見て取った。そうのうても壁《かべ》に耳、他より漏《も》れてもわれが科《とが》。密書《みっしょ》を覗《のぞ》いて見たのがお前の誤り、殺さにゃならぬ。いっそ人手《ひとで》に掛《か》けるより、俺《おれ》が手に掛け、大事を知ったこの女、妹とて許されず、首にしてこの通りと、それを功に連判《れんぱん》の数に入ってお供《とも》に立ちてえ。

〽小心者の悲しさは……

平右衛門　人に優れた心底《しんてい》を見せねば数には入れられず、ここの道理を聞き分けて、無理なことだが、命をくれ、これ、妹。

〽事を分けたる兄の言葉、おかるは始終《しじゅう》せき上げせき上げ、便りのないは身の代を、役に立てての旅立ちか、暇乞《いとまご》いにも見えそなものと、恨《うら》んでばっかりおりました

かる　もったいないが父《とと》さんは、非業《ひごう》な死でもお年の上、勘平さんは三十に……。

〽なるやならずに死ぬるとは

かる　さぞ悲しかろ、口惜《くちお》しかろ。

〽会いたかったであろうに、なぜ会わせては下さんせぬ

かる　親、夫の精進《しょうじん》さえ、知らぬ私が身の因果《いんが》、なんの生きておられましょう。私が死んでお役に立つなら、（隠しておいた大小を持って来て）さ、兄さん、手に掛けて下さんせ。

平右衛門　むむ、よい覚悟だ。南無阿弥陀仏《なむあみだぶつ》（立ち上がって、刀を振《ふ》り上げる）。

かる　あ、もし。

〽お手にかからばかかさんが、お前をお恨《うら》みなされましょ

かる　自害《じがい》したそのあとで、お役に立てて下さんせ。兄さん、さらばでござんす。

〽言いつつ刀、取り上ぐる

（おかるも刀を持ち、いざ死のうというときに、奥《おく》より由良之助が現れて、それを止める。）

由良之助　やれ、待て、しばし、早まるな。兄妹ともに心底《しんてい》見えた。兄は東《あずま》の供《とも》を許すぞ。

平右衛門　すりゃ、あの東のお供が叶《かな》いまするか。あの東のお供が……。これこれ妹。兄は東のお供が叶った、叶った。ねいねい、ありがとうござりまする。

〽天にも上る心地して、勇み立ったる門出《かどで》の喜び

由良之助　妹かるは長らえて未来への追善《ついぜん》。さりながら、夫勘平、連判《れんぱん》には加えしかど、敵《かたき》一人も討《う》ち取らず、未来で主君に言い訳あるまい。その言い訳は、これ、ここに。

（由良之助は座敷の下へ下《お》り、おかるに刀を持たせて、床下《ゆかした》へ刀を突《つ》っ込《こ》ませる。すると九太夫が苦しんで姿を現す。）

〽おかるが腕持《かいな》ち添えて、ぐっと突っ込む縁《えん》の下、下《した》には九太夫肩先縫《ぬ》われて、七転八倒《しちてんばっとう》

（平右衛門が床下から九太夫を引き出す。由良之助は九太夫の懐中《かいちゅう》より文《ふみ》を奪《うば》い取り、）

由良之助　獅子身中《ししastしんちゅう》の虫《むし》とはおのれがこと。わが君より莫大《ばくだい》の御恩《ごおん》を蒙《こうむ》りながら、敵師直《かたきもろなお》が犬となって、あることないこと、よくも内通《ないつう》拾いだな。四十余人の者どもは、親に別れ、子に離《はな》れ、一生連《つ》れ添《そ》う女房に傾城《けいせい》の勤めをさするも、亡君《なききみ》の仇《あだ》を報じたさ。寝覚《ねざ》めにも現《うつつ》にも、殿、ご切腹の折からを思い出しては無念《むねん》の涙《なみだ》。五臓六腑《ごぞうろっぷ》を絞《しぼ》りしぞや。とりわけ今宵《こよい》は殿の逮夜《たいや》。口にもろもろの不浄《ふじょう》を言うても、慎《つつし》みに慎みを重ぬる由良之助に、よくも魚肉《ぎょにく》を突き付けたな。否《いや》と言われず、応《おう》と言われぬ胸の苦しさ。喉《のんど》を通したそのときは、五体も一度に悩乱《のうらん》し、四十四の骨骨《ほねぼね》も砕《くだ》くるようにあったわやい。夜叉《やしゃ》め、魔王《まおう》め、この人外《にんがい》め。

〽土に擦《す》り付け捻《ねん》じつけて、無念《むねん》の涙に暮れけるが

（奥から仲居たちが出て来る。）

皆々　由良さん、送ろうかえ。

由良之助　お、送ってくれ、送ってくれ。こりゃ、平右衛門、喰《くら》い酔《よ》うたその客に、加茂川《かもがわ》で、な、水雑炊《みずぞうすい》を、喰《くら》わせい。

●作品の背景●

いわゆる「忠臣蔵」の事件の発端《ほったん》として、講談で『殿中松の廊下《でんちゅうまつのろうか》』の場を、その後の展開として、歌舞伎「仮名手本忠臣蔵」で塩冶判官《えんやはんがん》の切腹場面を描く『四段目』。そして山崎街道鉄砲渡し場《やまざきかいどうてっぽうわたしば》の「五段目」を紹介してきました。ここまでの話の流れでは、シリアスな場面が続いてきましたが、この「七段目～祇園《ぎおん》一力茶屋《いちりきぢゃや》の場《ば》」は一転して明るく華麗《かれい》な様子が描《えが》かれます。

殿中で刃傷《にんじょう》事件が起きたときに、塩冶家の家臣《かしん》であった早野勘平《はやのかんぺい》は、塩冶判官の奥方《おくがた》である顔世御前《かおよごぜん》の腰元《こしもと》であった恋人のおかると密会《みっかい》していたために、主人の一大事に駆《か》けつけられませんでした。腹を切って詫《わ》びようとする勘平をおかるは説得して思い止《とど》まらせ、二人でおかるの実家がある京都の山崎へと落ち延びていったことは「五段目」で触《ふ》れた通りです。

その後、おかるは祇園《ぎおん》に身売りをしますが、勘平は義父《ぎふ》である与市兵衛《よいちべえ》を殺してしまったと誤解《ごかい》をして、自害《じがい》してしまいます。おかるは夫勘平の死について知らなかったわけですが、この「七段目」では、師直《もろなお》側についた斧九太夫《おのくだゆう》を討《う》ち、勘平の無念を代わりに晴らす様子が描かれています。

歌舞伎ばかりでなく、落語『七段目』でも題材にされる有名な場面で、歌舞伎では大星役を中村吉右衛門《なかむらきちえもん》、おかるを坂東玉三郎《ばんどうたまさぶろう》が務めるといったように、その時代を代表する名優《めいゆう》によって演じられています。

知っておきたい用語集

酒色《しゅしょく》に溺《おぼ》れる　飲酒《いんしゅ》と色事《いろごと》に夢中になる。

正室《せいしつ》　身分の高い人の正妻《せいさい》。本妻《ほんさい》。

怒《いか》り心頭《しんとう》に発する　心底《しんそこ》から激しく怒《おこ》る。

轡《くつわ》　馬具《ばぐ》の一種。馬の口にはめ、手綱《たづな》につないで馬を制御《せいぎょ》する道具。

鍔音《つばおと》　刀の鍔で相手の刃物《はもの》を受け止めたときに出る音。また、刀を抜《ぬ》き差しするときに、鍔が鯉口《こいぐち》などに当たって出る音。

鯉口《こいぐち》　刀の鞘《さや》の口。

状箱《じょうばこ》　手紙や書類などを入れておく箱。ふばこ。

枝折戸《しおりど》　折った木の枝や竹をそのまま使った簡単な開き戸。多く庭の出入り口などに設ける。

御台《みだい》

→御台盤所《みだいばんどころ》　大臣や大将、将軍などの妻を敬《うやま》っていう語。

手水鉢《ちょうずばち》　手を洗うために水を入れておく小さな鉢《はち》。

延《の》べ鏡《かがみ》　懐中《かいちゅう》（ふところ）に入れておく小さな鏡。ここでは、見ようとする物を直接に見ず、鏡に映してみること。また、その鏡。

懐紙《かいし》　たたんで懐中《かいちゅう》（ふところ）に入れておく紙。ふところ紙。たとう紙。

段梯子《だんばしご》　幅広い段をつけた梯子。梯子段。

九《ここの》つ梯子《はしご》　段が九つある梯子。家の中で用いることが多い。

赤膏薬《あかこうやく》　龍血樹《りゅうけつじゅ》の果実《かじつ》から採れる脂《やに》を加えてつくった赤色の膏薬。傷口《きずぐち》の血止めに用いた。あかこうやく。

船玉様《ふなだまさま》　（船の本尊《ほんぞん》の意から）女陰《じょいん》の異称。

洞庭《どうてい》　洞庭湖は中国の湖南省《こなんしょう》北東部にある淡水湖。しかしここでは転じて、船玉様《ふなだまさま》と同様に女陰《じょいん》の異称。

逆縁《ぎゃくえん》　（おもしろく洒落《しゃれ》て言うときに使い）順序が逆であること。さかさまごと。

おかんせ　おきなさい。

根が遂《と》げぬ　最後までしおおせない。先々まで続かない。完遂《かんすい》しない。

身請《みう》け　年季（雇《やと》う側が定める、雇われる側が勤める期間）を定めて身を売った芸妓《げいぎ》・娼妓《しょうぎ》などの身代金《みのしろきん》を支払って、その勤《つと》めから身をひかせること。うけだすこと。落籍《らくせき》。

間夫《まぶ》　ここでは、ひそかに愛情をかわす男。

囲《かこ》う　妾《めかけ》（正妻でない妻）をひそかに別宅などにおく。かばう。守る。保護する。

重畳《ちょうじょう》　この上もなく満足なこと。大変喜ばしいこと。

下地《したじ》　見習い。特に、芸妓《げいぎ》や娼妓《しょうぎ》などになるための見習い期間中の者。また、その期間。

放埒《ほうらつ》　勝手気ままに振《ふ》る舞《ま》うこと。行いや生活がだらしのないこと。道にはずれていること。また、そのさま。

癪《しゃく》　胸や腹が急に痙攣《けいれん》を起こして痛むこと。さしこみ。

精進《しょうじん》　雑念《ざつねん》を去り、仏道修行に専心《せんしん》すること。一定の期間行いを慎《つつし》み身を清めること。肉食を断って菜食《さいしょく》をすること。

東《あずま》　舞台《ぶたい》である京都から見て東。ここでは敵方　高《こうの》師直《もろなお》の暮らす屋敷《やしき》を指す。

連判《れんぱん》　文書の差出者が複数で署判《しょはん》（自筆での署名《しょめい》と花《か》押《おう》（名前を表す記号）を記すこと）している場合を指し、一揆《いっき》の団結（一揆契状《いっきけいじょう》）や訴状《そじょう》などに用いる。

ねいねい　「ねい」を重ねた言い方。はい、はい。

獅子身中《しししんちゅう》の虫《むし》　組織などの内部にいながらその組織に害をなす者や、恩を仇《あだ》で返す者。

五臓六腑《ごぞうろっぷ》　五臓と六腑。五臓は心臓・肝臓《かんぞう》・肺臓・脾《ひ》臓《ぞう》・腎臓《じんぞう》。六腑は大腸・小腸・胃・胆《きも》・膀胱《ぼうこう》・三焦《さんしょう》（漢方で、体温を保つために絶《た》えず熱を発生させている器官）。体内。腹の中。心の中。

逮夜《たいや》　葬儀の行われる前夜。また、忌日《きにち》（亡くなった日）の前夜。

夜叉《やしゃ》　容貌《ようぼう》や姿が醜怪《しゅうかい》で猛悪《もうあく》な鬼神《きしん》。

水雑炊《みずぞうすい》を喰《く》らわす　水中に投げこんで、水を飲ませる。水中に投げ入れる。

講談
浪曲
歌舞伎

赤穂義士銘々伝より安兵衛駆け付け
（あこうぎしめいめいでん／やすべえかけつけ）

●作品のポイント●

講談や歌舞伎などで演じられる「忠臣蔵」や「赤穂義士伝」の中でも、その名前が知られ、人気の高い人物が、この話の主人公である堀部安兵衛《ほりべやすべえ》です。

その理由は、討《う》ち入り以前に高田馬場《たかたのばば》で恩ある人の敵《かたき》を討《う》ったという話が知られていたり、普段《ふだん》は酒ばかり飲んでいるものの、敵討《かたきう》ちとなれば、普段は隠《かく》している能力を最大限に発揮《はっき》して見せるといった魅力《みりょく》あふれる人物として描《えが》かれているからかも知れません。

伯父《おじ》・甥《おい》の義理を結んだ菅野六郎左衛門《すがのろくろうざえもん》にしても、高田馬場での活躍《かつやく》ぶりを機に、のちに養子縁組《ようしえんぐみ》を結んだ堀部弥兵衛《ほりべやへい》（金丸《かなまる》）にしても、安兵衛にそうした魅力《みりょく》とともに、武士《ぶし》としての気概《きがい》を感じたのでしょう。

ここでは安兵衛が敵《てき》と戦う場面での講談特有の語り口といったものも味わってみてください。

歴史
義理
人情
忠義

【本　題】

中山安兵衛《なかやまやすべえ》は伯父《おじ》の菅野六郎左衛門《すがのろくろうざえもん》から剣術《けんじゅつ》を仕込《しこ》まれていたところへ、樋口十郎左衛門《ひぐちじゅうろうざえもん》のもとで念流《ねんりゅう》の修業《しゅぎょう》をしたことから、今は免許皆伝《めんきょかいでん》の腕前《うでまえ》。故郷の新発田《しばた》から江戸表《おもて》へ出て参り、伯父の菅野を訪ねて見ると、六郎左衛門は青山隠田《おんでん》の松平左京太夫《まつだいらさきょうだゆう》殿へ剣道の指南番《しなんばん》としてお召《め》し抱《かか》えになっていたので、伯父のところにいるのも気が詰《つ》まるということで、八丁堀《はっちょうぼり》で日々何事もなく暮らしております。

小遣《こづか》いは六郎左衛門が送ってくれるので不自由はないようなものの、安兵衛は大酒飲み。金さえあれば飲んでしまうので、少しばかりの小遣いでは足りません。

するとある日、職人が喧嘩《けんか》をしているのを仲裁《ちゅうさい》したのが縁《えん》となり、仲直りの酒宴《しゅえん》へ招《よ》ばれたのがはじまりという奴《やつ》で、それからは市中を歩いては、喧嘩と見れば仲裁をして酒を奢《おご》らせる。しまいには市中の者は喧嘩をしていても、安兵衛の姿を見ると止《や》めてしまう。

そこで安兵衛、今度は葬式《そうしき》があると知ると、寺へ行って酒を馳走《ちそう》になるので、誰《だれ》言うとなく喧嘩安兵衛、葬式安兵衛。また、赤鞘《あかざや》の大小《だいしょう》を差しているから赤鞘安兵衛などとも呼ばれるようになり、いつも酒を飲んでブラブラしているので、江戸の名物の一つに数えられるようになりました。

伯父の菅野六郎左衛門はというと、人物は良し、腕前も出来ることから大層評判《たいそうひょうばん》がよいのですが、同じ指南番で村上庄左衛門《むらかみしょうざえもん》と弟の三郎右衛門《さぶろうえもん》という兄弟。兄は剣術、弟は槍術《そうじゅつ》をもってご奉公《ほうこう》していますが、菅野とは違《ちが》って心立ての良くない者ですから、いたって評判が悪い。その村上兄弟と菅野が武術の試合をしたのが事件の起こりでございまして、六郎左衛門のために村上兄弟が後れを取って浪人の身となったことから、それを遺恨《いこん》に思った兄弟が、六郎左衛門に対して果たし状を送ります。

場所は高田の馬場。時刻は正四ツ刻《しょうよどき》。相手は村上兄弟をはじめ、浪人剣客《ろうにんけんきゃく》にして薙刀《なぎなた》の達人中津川祐範《たつじんなかつがわゆうはん》以下二十二人。菅野六郎左衛門は捨てる命と覚悟を決め、中山安兵衛に宛《あ》てたる一通の手紙。安兵衛のもとにおります半助《はんすけ》という中間《ちゅうげん》に持たせて遣《つか》わしますが、半助が来てみると安兵衛は留守。そこで隣《となり》に住んでおります糊屋《のりや》の婆《ばあ》さんへ、

「お婆さん、安兵衛様はお留守かね」

「ああ、安さんかい？　昨日から帰らないんだよ」

「それは困ったな」

「どなたのお使いだい？」

「私は青山隠田の菅野様から来たのだ。安兵衛様に届ける手紙を持って来たのだが……」

「ああ、青山の安さんの伯父さんの所からのお使いかい。安さんは出たら方々《ほうぼう》飲み歩いて、帰ってこないんだよ」

「それじゃあ、婆さんすまないが、探している訳にもいかない。この手紙を預かって置いて、安兵衛様がお帰りになったら、渡《わた》しておくれ」

「ようございますよ。安さんはどこをブラブラしているんだろうね。確かに受け取りましたよ」

と半助は糊屋の婆さんに手紙を預けて帰って行く。

その翌朝遅《おそ》くに帰って来た安兵衛は相も変わらず酔《よ》っ払《ぱら》っております。

「ウーイッ！　今帰ったぞ！」

「安さんお帰りかい？　ちょいと用があるから寄っておくれ」

「いや、ご免《めん》を蒙《こうむ》る。こんな汚《きたな》い家へ入ると身体《からだ》が汚《よご》れる」

「馬鹿《ばか》をお言いでないよ。朝起きれば掃除《そうじ》をするではなし、床《とこ》は取りっ放しのお前さんの家の方がどんなに汚いか知れやあしないよ。用があるから寄っておくれよ」

「用というのは何だ？　酒でも飲ませるというのか？」

「嫌《いや》なこった。糊屋のばばあに酒などご馳走《ちそう》ができるものかね。青山の伯父さんの所から手紙が来ているんだよ」

「何？　伯父上《うえ》からお手紙……」

「昨夜、中間《ちゅうげん》らしいのが来て、お前さんが留守なので困っているようだったが、お前さんの帰りがわからないから、帰ったら渡してくれといって、私に預けて帰ったんだよ」

「そうか。どれ、出せ。また伯父上から酒を飲むなとのご意見の手紙だろう……」

「安さん、本当にあまりお酒を飲まない方がいいよ」

取り上げた伯父菅野六郎左衛門の書面。平常ひとかたならぬ世話になる伯父のこと。押《お》し頂いて封《ふう》を切り、読み下《くだ》してみると、〝村上兄弟から果たし状をつけられた。ところは高田の馬場、時刻は四ツ刻。相手は村上兄弟をはじめ、中津川祐範以下二十二名。老いの身のとて、亡《な》き命と諦《あきら》めている。われ亡き後は兄弟を討《う》って、怨《うら》みを晴らしてくれるよう〟ということが書いてあります。

「ばばあーッ！」と言われて、そのばばあが飛び上がって驚《おどろ》いた。

「ああ、びっくりした……。何だねえ安さん、大きな声をして、驚くじゃあないか」

「何故《なぜ》、早くこの手紙を見せぬ」

「だってお前さんが帰って来ないんじゃないか」

「不埒《ふらち》な婆あだ、今は何時《なんどき》だ？」

「そうさねえ……。もうかれこれ四ツだろうね」

と折りしも、ボーンと鐘の音。

「安さん、今打っているのが四ツだよ」

「何？　四ツだ？　……ううむ、さては時刻に遅《おく》れたか、残念だ……。ばばあッ」

「よく脅《おど》かすじゃあないか」

「飯《めし》があるか？」

「わたしのはあるけども、お前さんのは知らないよ」

「あるなら出せ！」

「冗談《じょうだん》言っちゃあいけないよ。糊を売って、やっと買うお米だよ。お前さんに食われてたまるものか」

「いいから、黙って出せ！」

と言いながら立ち上がった安兵衛、そこにあった飯櫃《めしびつ》を手に取ると、蓋《ふた》をパッと払《はら》った。

「あれ、安さん、何をするんだよ！　それを食べちゃいけないよ」と取り返そうとするのを、

「邪魔《じゃま》するな！」

と足を掬《すく》ったから、婆さんがドタリと倒《たお》れる隙《すき》に、手づかみで中の飯をつかんでムシャムシャムシャムシャ食べ始めた。

「大変だ、飯泥棒《めしどろぼう》！　誰《だれ》か来ておくれよ！」

と言ううちに、飯櫃の飯を残らず食べ終わると、台所の水をゴックゴックとひと息に飲んでホッと一息。

「ばばあ、さらばだ！」

と、ひと言残して、安兵衛は赤鞘《あかざや》の大小《だいしょう》をつかみ差し、飛鳥《とぶとり》の如《ごと》くに飛び出した。

千里《せんり》一時《いっとき》、虎《とら》の小走《こばし》り虎走《とらばし》り、息もつかずに飛んで来た高田の馬場。何せ元禄《げんろく》の昔のことで、乗り物といっては駕籠《かご》ぐらいのもの。疾風《はやて》のように走って来てもなかなか時間がかかります。高田の馬場までひと走りなどと言いますが、いくら安兵衛でも八丁堀から高田の馬場までひと走りにできるものではありません。

「安兵衛腰掛《こしかけ》の松」といったものが残っていたところから考えますと、途中《とちゅう》で休んだものと見えます。

ようやく高田の馬場の近くへ駆《か》け付けてみると、向こうからぞろぞろ帰ってくる人々がある。

「残念なことをしましたな。何しろ年をとっているからかないませんや」

「惜《お》しいことをしました。もうこれにこりて果たし合いなどは見るものじゃありません」

と話しながら来るのを、早くも耳に挟《はさ》んだ中山安兵衛。ズカズカッとその男の前へ来て、

「それへお出《い》での御人《ごじん》、しばらくお待ち下さい」

見ると赤鞘安兵衛だ。

「へえ、どうか御勘弁《ごかんべん》を……」

「勘弁ではない。ただいま承《うけたまわ》れば、果たし合い云々《うんぬん》と仰《おお》せられたようだが、高田の馬場の果たし合いをご覧《らん》なされたか?」

「へえ、見てまいりました」

「しからば老人はいかがいたした? 果たし状を送りつけられた老人の生死のほどをご存じとあらば承《うけたまわ》りたい」

「へえ、惜《お》しいことをしました。中々あのご老人は強いお方ではございましたが、何しろ相手は二十何人、とうとう斬《き》られてしまいました」

「何? ご最期《さいご》を遂《と》げたと……。ううむ、無念!」

と、安兵衛が駆《か》け付け来たった高田の馬場。見ると伯父の菅野六郎左衛門はあまたの傷を負って、全身血に染まってそれに倒《たお》れている。その向こうには菅野の若党山本佐次郎《わかとうやまもとさじろう》と相手方の四人も、これまた血に染まって倒れております。

伯父の死骸《しがい》に取り縋《すが》った安兵衛武庸《たけつね》、

「伯父上、もはやこと切れ給《たま》いしか、残念至極《ざんねんしごく》。安兵衛が今少しく早かりせば、このようにむざむざご最期にはさせまいものを、返す返すも無念至極……。佐次郎、ご主人の供《とも》として敵を相手に斬《き》り死にいたしたか、あっぱれであるぞ! 武士の鑑《かがみ》、中山安兵衛ほめて遣《つか》わすぞ……。伯父上、安兵衛参ったる上は、相手は何十人あろうとも、必ず討《う》って修羅《しゅら》の妄執《もうしゅう》はお晴らし申す、そこにてご覧あれ！」

と言いつつ、ぬっくと立ち上がった。

馬場の彼方を見れば、幕《まく》を張り廻《まわ》してざわついているのは村上兄弟の一味《いちみ》十八人。

「おのれ、敵《かたき》ッ！」

と安兵衛は、下《さ》げ緒《お》を取って、襷《たすき》にしようとすると、鼠《ねずみ》の歯でも当たっていたかブツリと切れた。いたし方なくその所に落ちていた縄《なわ》を拾い取り、襷に掛《か》けようとしたときに、

「あいや、しばらくお待ちあれ！」

という女の声。いまだ立ち去らぬ見物が振《ふ》り返って見ると、人を押し分け、それへ進み出《い》でた一人の婦人。年頃《としごろ》は五十余り、黒縮緬《くろちりめん》の裾模様《すそもよう》の小袖《こそで》に緞子《どんす》の帯、髪《かみ》は勝山風《かつやまふう》に結《ゆ》い上げ、長い笄《こうがい》を差し、白足袋《しろたび》に雪駄《せった》を履《は》いております。

その後ろにいるのは娘と見えて、年の頃十六、七、鑓梅《やりうめ》染めの縮緬《ちりめん》の振袖《ふりそで》、下に白を襲《かさ》ね、繻珍《しゅちん》の帯を竪《たて》やの字に締《し》め、髪は文金《ぶんきん》の高島田《たかしまだ》に金糸《きんし》を掛《か》け、平打《ひらう》ちの銀釵《ぎんかんざし》、花模様の鼈甲《べっこう》の前差しをして、白足袋にこれも雪駄履き。そのそばに二人の中間《ちゅうげん》が萌黄《もえぎ》の油単《ゆたん》をかけた挾《はさみ》み箱《ばこ》に薄《すすき》の穂《ほ》をもってつくった木菟《みみずく》を差して担《かつ》いでいるのは、雑司ケ谷《ぞうしがや》にある鬼子母神参詣《きしもじんさんけい》の戻《もど》りと見えます。

「あいや、それなるお若人《わこうど》。縄の襷は不吉《ふきつ》でござりまする。手前は浅野匠頭《あさのたくみのかみ》家臣《かしん》堀部弥兵衛金丸《ほりべやへえかなまる》と申する者の家内《かない》。これなる扱帯《しごき》は娘の物にござりまするが、これをお貸し申しまするゆえ、襷に遊ばしまするよう、心ばかりのご助勢《じょせい》でござります」

と言いながら、娘の締《し》めておりました緋縮緬《ひじりめん》の扱帯を差し出した。

「おお、ご厚志《こうし》のかたじけなし！」

と一礼なして手に取った扱帯を手早く襷にいたしましたが、汚れた黒羽二重《くろはぶたえ》に燃え立つような緋縮緬がひときわ目立ちます。はるかの幕張《まくはり》の方を睨《にら》んで突《つ》っ立った中山安兵衛、大音《だいおん》上げたることにして、

「やあやあ、村上兄弟はいずれにある。中津川祐範はいずれにある。菅野六郎左衛門の甥《おい》、中山安兵衛《なかやまやすべえ》武庸《たけつね》、この所へ来たったり、伯父の敵《かたき》、家来の仇《あだ》、この所において討《う》ち取りくれん！」

と呼ばわった。

「おお！」

と答えて、バラバラバラバラ、幕張の中より立ち出《い》でたのは、村上兄弟を初め十八人の同勢。

「やあ、中山安兵衛とは汝《なんじ》のことか、飛んで火に入《い》る夏の虫、返り討ちだ、覚悟《かくご》をいたせ、それっ！」

と言うと、ギラリギラリと引き抜いて、前後左右より斬《き》ってかかる。心得たりと安兵衛武庸、関《せき》の孫六《まごろく》の一刀《いっとう》抜《ぬ》くより早く、チャリン、チャリーンと斬り結んだ。

「はじまったはじまった。安兵衛さんしっかりやってくれえ！」

と見物人は大騒《おおさわ》ぎ。十八人に一人ですから、大抵《たいてい》な者なら討たれてしまうのですが、流石《さすが》は念流《ねんりゅう》の達人《たつじん》中山安兵衛。前後左右より斬ってかかる奴《やつ》を、真向梨割《まっこうなしわり》、幹竹割《からたけわり》、袈裟切《けさぎり》、胴切《どうぎり》、車切《くるまぎり》。当たるを幸い、バッタバッタと斬り倒《たお》しますので、見物があれよあれよというちに、たちまち村上兄弟をはじめ、十余人残れる者をことごとくその場へ斬って落とした。

血振《ちぶ》るいをなした安兵衛武庸、かたえの流れに参って、血染めの一刀を洗い、拭《ぬぐ》いを掛《か》けてピタリと鞘《さや》に納め、松の木の下に倒れている伯父の死骸《しがい》を抱《だ》き起こし、

「伯父上、お怨《うら》みをお晴らし申してござる。これにて成仏《じょうぶつ》遊ばせ……」

と言いながら、鬼神《きしん》の如《ごと》き勇士もホロホロと落とす涙《なみだ》。若党《わかとう》佐次郎の死骸《しがい》を引き起こし、

「佐次郎、その方《ほう》の怨みも晴らしたぞ、これにて成仏いたしくれよ。主人とともにここに命を捨てるとは立《りっ》派《ぱ》な魂《たましい》、あっぱれ忠臣、褒《ほ》め取らするぞ」

と言いつつ、またも涙に暮れる。

そのうちにここは関東郡代《かんとうぐんだい》の支配地のことゆえ、代官伊奈半左衛門下役《だいかんいなはんざえもんしたやく》が出張して検視《けんし》を遂《と》げ、また牛込《うしごめ》に近い所でございますから、町奉行《まちぶぎょう》からも検視が来る。そこで段々調べて見ると、果たし合いの原因は武芸の争い。大勢のために死を遂げた菅野六郎左衛門は松平左京太夫《まつだいらさきょうだゆう》の家来《けらい》だということがわかったから、これは青山隠田の屋敷《やしき》へ沙汰《さた》をして死骸を引き取らせました。村上兄弟をはじめ二十二人の死骸は、みな浪人ですから、別に引き取る者もないので代官で埋葬《まいそう》する。

ここで安兵衛は役人に付き添われ、八丁堀岡崎町《はっちょうぼりおかざきちょう》の家主甚兵衛方《いえぬしじんべえかた》へ引き取ることになりました。

いよいよ高田の馬場を引き上げて、小倉屋《おぐらや》という酒屋の前に来たときに安兵衛が、

「お役人にお願い申す。喉《のど》が乾《かわ》きますから、ちょっと水を一杯《いっぱい》飲んでまいりとう存ずる」

「ご自由にお飲みなさい」

安兵衛が酒屋へ入って行くと、

「これ、酒を持ってまいれ」

酒屋の主人は驚《おどろ》いた。血に染まった大の男が役人に取り巻かれてそれに立っている。

「へ、へえ。ただいま差し上げます」

「その五合升《ごうます》になみなみと注げ！」

「へえ、た、た、ただいま……」

と、酒屋の主人が震《ふる》えながら出す五合升、手に取った安兵衛、升に口をつけるとキューッと息もつかずに飲み干し、

「これこれ、もう一杯くれ」

と、あっという間に五合升で三杯飲んだので、役人が呆《あき》れかえった。

「亭主、いくらだ？　遠慮《えんりょ》なく取れ！」

「いえ、もうお代はよろしゅうございます、あなたのような十八人も斬《き》って敵討《かたきう》ちをなすった方の飲んだ升。この小倉屋の家宝にいたします。ありがとう存じます」

一升五合《いっしょうごんごう》も飲み倒《たお》されて礼を言っている。けれどもいくら飲み倒されても、この升が今日まで残って、義士の記念品として昔の語り草になっております。

さて、安兵衛は八丁堀の家へ引き取りましたが、元々伯父の仇《あだ》を討ったのでございますから、何のお咎《とが》めもございません。高田の馬場で差し出された堀部弥兵衛の娘の緋縮緬《ひぢりめん》の扱帯《しごき》、これが結びの縁《えん》となり、安兵衛は堀部家に養子と相成《あい》ります。

その後、元禄《げんろく》十五年の討ち入り当夜には、義士の一人としてまことに目覚《めざ》ましい働きをいたします。『安兵衛高田馬場の駆け付け』というお勇ましい一席。

●作品の背景●

堀部安兵衛もまた、他の赤穂義士と同様に、実在した人物です。寛文《かんぶん》十年（一六七〇）に越後《えちご》（現在の新潟県）新発田《しばた》藩士の子として生まれ、この話で描《えが》かれているように、伯父である菅野六郎左衛門のために高田の馬場で決闘《けっとう》をし、のちに赤穂藩士堀部弥兵衛の養子となり、藩主浅野長矩《はんしゅあさのながのり》の死後は大石良雄《おおいしよしお》（内蔵助《くらのすけ》）の同志として吉良家討入《きらけうちい》りに参加したことで知られています。名は武庸《たけつね》で、他の浪士と同じように元禄十六年（一七〇三）に没《ぼっ》しています。

ちなみに安兵衛が酒をあおったのは、八丁堀から高田馬場まで走り、決闘場まであと少しという馬場下町《ばばしたちょう》で息をつくために立ち寄った店という展開で演じられることもあります。その安兵衛が酒をあおった小倉屋という店は、延宝《えんぽう》六年（一六七八）頃《ごろ》の創業で、現在も「リカーショップ小倉屋」として、地下鉄早稲田駅前で営業をしており、安兵衛が飲んだ升《ます》は、今も大切に保管されていると言われています（非公開）。

知っておきたい用語集

念流《ねんりゅう》　剣道《けんどう》の流派の一つ。上坂半左衛門安久《うえさかはんざえもんやすひさ》を祖とする正法念流《しょうぼうねんりゅう》や、相馬四郎義元《そうましろうよしもと》（念阿弥慈恩《ねんあみじおん》）を祖とする念阿弥流《ねんあみりゅう》がある。

免許皆伝《めんきょかいでん》　武芸や芸道などで、各流派における奥義《おうぎ》の一切《いっさい》を伝授され、それを修得したこと。

新発田《しばた》　新潟県北部で、新潟平野の北部から飯豊《いいで》山地の西部にある市。

江戸表《えどおもて》　地方から政治や文化の中心地である江戸を指していった語。

青山隠田《あおやまおんでん》

→隠田《おんでん》　現在の東京都渋谷区神宮前一丁目、四～六丁目周辺で、かつて隠田川《おんでんかわ》（渋谷川《しぶやがわ》）が流れていたことからその名が付いた。

八丁堀《はっちょうぼり》　東京都中央区の地名で、慶長《けいちょう》年間（一五九六～一六一五）に京橋川の先に掘《ほ》られた掘割《ほりわり》が八丁あったことに由来《ゆらい》する。町奉行《まちぶぎょう》の与力《よりき》・同心《どうしん》の屋敷《やしき》があった。

大小《だいしょう》　大刀《だいとう》と小刀《しょうとう》。

後《おく》れを取る　他よりおくれた段階にある。負ける。先んじられる。

正《しょう》四《よ》ツ刻《どき》　現在の午前十時ごろ。

糊屋《のりや》　のりをつくって売る商売であるが、転じてうらぶれた生活をしている人を指す。

中間《ちゅうげん》　公家《くげ》や武家《ぶけ》、寺院などで召《め》し使われた男。仲《ちゅう》間《げん》、中間男《ちゅうげんおとこ》とも記《しる》され，身分は侍《さむらい》と小者《こもの》（雑役《ざつえき》に従事した者）の間にあたるとされる。

押《お》し頂《いただ》く　物をうやうやしく顔の前面の上方にささげ持つ。

不埒《ふらち》　道理にはずれていて、けしからぬこと。また、そのさま。

安兵衛《やすべえ》腰掛《こしかけ》の松《まつ》　現在の東京都新宿区改代町《かいたいちょう》に立っていたという松。現存しない。

修羅《しゅら》　醜《みにく》い争いや果てしのない闘《たたか》い。また激しい感情の表れなどのたとえ。

妄執《もうしゅう》　迷《まよ》った心で、物事に深く執着《しゅうちゃく》すること。

下げ緒《さお》　刀を帯に結びつけるため、鞘《さや》につける組緒《くみお》（組紐《くみひも》）。

襷《たすき》　和服で仕事をするときに、手の運動を自由にするため、着物の袂《たもと》をからげるために用いる紐。

縮緬《ちりめん》　表面に細かいしぼ（波状《なみじょう》の凹凸《おうとつ》）のある絹織物《きぬおりもの》。縦糸《たていと》に撚《よ》りのない生糸《きいと》、横糸に強く撚りをかけた生糸を用いて、平織《ひらお》りに織ったのち、ソーダをまぜた石鹸《せっけん》液で煮沸《しゃふつ》して縮《ちぢ》ませ、精練《せいれん》したもの。

緞子《どんす》　紋織物《もんおりもの》の一種で、地《じ》は繻子織《しゅすおり》（サテン）で、文様《もんよう》を地と表裏《おもてうら》反対の同色の繻子組織で表したもの。

勝山風《かつやまふう》
→勝山《かつやま》　江戸時代の婦人の髪《かみ》の結い方の一つで、後頭部で束《たば》ねた髪を、先を細くして輪のように巻き上げて前に返し、先端を笄《こうがい》で留めたもの。吉原《よしわら》の遊女である勝山が結いはじめたという。勝山髷《まげ》。

笄《こうがい》　髪《かみ》をかき上げるのに使用した、箸《はし》に似た細長い道具。また、女性の髷《まげ》に横に挿《さ》して飾《かざ》りとする道具。

鑓梅染《やりうめぞ》め
→梅染め　梅の木の皮や根を煎《せん》じた染め汁《しる》（梅谷渋《うめやしぶ》）で染めること。また、そうして染めたもの。

繻珍《しゅちん》　繻子織《しゅすおり》の一種で、地糸のほかに種々の色糸を用いて模様《もよう》が浮き出るように織った織物。女帯に用いることが多い。

竪《たて》やの字　少女の帯の結び方で、肩《かた》から斜《なな》めに背《せ》にかけて「や」の字の形に結ぶもの。

文金《ぶんきん》の高島田《たかしまだ》
→文金高島田　女性の髪形《かみがた》の一つで、島田髷《しまだまげ》の根を元結《もっとい》（『四段目』の項を参照）で高く巻き上げた優美で華《はな》やかなもの。現在では主に花嫁《はなよめ》の髪形として用いる。

平打《ひらう》ち　かんざしの一つで、銀などを平たく打って、花鳥《かちょう》などを透《す》かし彫《ぼ》りにしたもの。

前差《まえざ》し　女の髷《まげ》の前の方に挿《さ》すかんざし。

油単《ゆたん》　器物にかけて、湿気《しっけ》や汚《よご》れを防ぐ布製の覆《おお》い

挟《はさ》み箱《ばこ》　江戸時代の携行《けいこう》用の担《にな》い箱。主として武家が大名行列や、登城《とじょう》など道中や外出をするときに、着替《きが》え用の衣類などを入れて、従者に担《かつ》がせた黒塗《ぬ》り定紋《じょうもん》付きの木箱。上部に鐶《かん》（金属製の輪）がついていて、これに担《にな》い棒を通して肩《かた》に担ぐ。

木菟《みみずく》　フクロウ目《もく》に属する、冠羽《かんう》（頭部、頸部《けいぶ》などにある長く伸びた羽根）をもつ鳥。

すすきみみずく　ススキ製の土産物玩具《みやげものがんぐ》で、東京都豊島区雑司ヶ谷《ぞうしがや》の鬼子母神境内《きしもじんけいだい》で、お会式《えしき》（ここでは日蓮の命日に行われるお祭り）のころをはじめ、常時売られている。ススキの穂《ほ》でミミズクの姿をつくり、きびがら製の目、経木《きょうぎ》（薄《うす》い木の板）の赤い耳、竹のくちばしがついている。江戸以来の東京の代表的郷土玩具《きょうどがんぐ》として知られている。

雑司ヶ谷《ぞうしがや》　東京都豊島区南東部の地名。法明寺《ほうみょうじ》の鬼子母神《きしもじん》（→後出）があり、近くに雑司ヶ谷霊園《れいえん》がある。

鬼子母神《きしもじん》　東京都豊島区にある日蓮宗《にちれんしゅう》の寺院、威光《いこう》山法明寺《ざんほうみょうじ》の俗称《ぞくしょう》（広く使われるが正式ではない呼び名）。雑司ヶ谷鬼子母神堂。弘仁《こうにん》元年（八一〇）、真言宗《しんごんしゅう》の寺として開創《かいそう》したが、日蓮《にちれん》の門弟、日源《にちげん》が日蓮宗《にちれんしゅう》に改宗《かいしゅう》。安産・子育ての神として名高い。

扱帯《しごき》　しごきおび。女性が身長に合わせて、着物をはしょり上げるのに用いる帯。

黒羽二重《くろはぶたえ》　黒色に染めた羽二重（高級絹織物《きぬおりもの》の一種）。江戸時代、礼服や晴着として用いられた。くろはぶたい。

関の孫六《せきのまごろく》　美濃国《みののくに》（岐阜県）の刀工《とうこう》孫六兼元《かねもと》、また、その後継者《こうけいしゃ》の鍛《きた》えた刀剣《とうけん》。

若党《わかとう》　武士《ぶし》の従者《じゅうしゃ》。武家で足軽《あしがる》より上位の身分の低い従者。

関東郡代《かんとうぐんだい》　江戸幕府《ばくふ》の職名。関東の幕府直轄領《ばくふちょっかつりょう》を支配した。

代官《だいかん》　江戸時代、幕府や諸藩《しょはん》の直轄地《ちょっかつち》の行政や治安《ちあん》をつかさどった地方官の名称。

沙汰《さた》　物事を処理すること。特に、物事の善悪・是非などを論じ定めること。裁定《さいてい》。決定したことなどを知らせること。通知。命令、指示、下知《げち》。

八丁堀岡崎町《はっちょうぼりおかざきちょう》　現在の東京都中央区八丁堀二〜三丁目周辺。

講談　浪曲　歌舞伎　端唄

歴史　人情　忠義　友情

赤穂義士銘々伝より大高源吾
〈あこうぎしめいめいでん／おおたかげんご〉

●作品のポイント●

赤穂義士伝は「別れ」の物語であるとも言われています。浪士《ろうし》たちは大願成就《たいがんじょうじゅ》を胸に秘め、おのおの姿を変えて、討《う》ち入りの準備を着々と行いながら、元禄《げんろく》十五年（一七〇二）十二月十四日の決行を目指します。そして、討ち入りを前に、他人にはもちろん、家族や友人にもそのことを知られてはならないと、それとなく別れを告げに行きます。そのときに相手に見せる姿とは……。

恩人との別れ、兄弟との別れ、そして大切な人との別れ。義士の一人ひとりにスポットをあてた、「義士銘々伝」の内より三人の別れの場面を紹介《しょうかい》します。

まず最初は、俳人《はいじん》としても名を馳《は》せた大高源吾《おおたかげんご》の別れの物語です。恩ある人を前にしても本心を述べることのできない源吾の心中《しんちゅう》（心の中）や宝井其角《たからいきかく》の思いといったものを感じ取りながら、読み進めて下さい。

【本　題】

赤穂義士の一人である大高源吾は風流人《ふうりゅうじん》で、水間沾徳《みずませんとく》の門に入り、俳諧《はいかい》を学び俳号《はいごう》を子葉《しよう》といいます。その頃《ころ》、茅場町《かやばちょう》の薬師《やくし》の近くに住んでいた宝井其角《たからいきかく》とも心安くしておりました。

お家に騒動《そうどう》があった後は、浪士たちは大石良雄《おおいしよしお》の指揮《しき》に従い、それぞれ江戸へ出て、思い思いの姿に身をやつし、吉良《きら》、上杉方の様子を探っておりましたが、この大高源吾は江戸には久しくおりましたが、吉良殿《きらどの》へ出入りをしたことがありません。とは言え、今更《いまさら》、商人に化けたところで、うまく屋敷《やしき》へ立ち入ることは難しい。そこで考えたのは、その時分の流行《はや》りで、吉良殿あたりでも俳諧をやっていたことから、その道で吉良殿へ近寄ろうということ。

風雅《ふうが》の友である其角が、四の日に俳諧の催《もよお》しがあることから、吉良邸へ赴《おもむ》いていたので、それに同道《どうどう》したいと思っておりますが、下手《へた》に言い出して覚《さと》られてはいけないと、言わず語らずにおります。

其角の方も、この子葉が元内匠頭《たくみのかみ》の家来《けらい》であり、吉良殿へは宿怨《しゅくえん》のあることを知っていたので、他の大名のところへは連《つ》れて行っても、吉良家へは同道をいたしません。

そのうちに時節到来《とうらい》して、いよいよ十二月十四日の夜、吉良家屋敷へ討《う》ち入りと決まります。昼と違《ちが》って、夜のことゆえ、屋敷内の様子を知らないでは大変な損。同志でも、神崎与五郎《かんざきよごろう》、倉橋伝介《くらはしでんすけ》、茅野和助《かやのわすけ》、赤垣源蔵《あかかきげんぞう》、堀部安兵衛《ほりべやすべえ》、三村次郎左衛門《みむらじろうざえもん》、中村勘助《なかむらかんすけ》、富森助右衛門《とみもりすけえもん》、杉野十平次《すぎのじゅうへいじ》らの面々は、みな吉良家へ足を入れ、邸内の様子を知っている。人に遅《おく》れを取ってはまことに残念だが、今日は十三日、いよいよ明日の晩が決行の日。どうか今日一日で吉良殿の屋敷へ入っておきたいものだと考えております。

徳川時代には十二月十三日からご本丸《ほんまる》で煤払《すすはら》いが始まって、十五日の二の丸お櫓《やぐら》などのお掃除《そうじ》まで三日掛《が》かり。十三日にはご譜代《ふだい》大名、お旗本《はたもと》、高家《こうけ》なども煤払いをするところが多いことから、煤払いのための笹《ささ》を売り歩く者がございます。

源吾は身をやつして笹売りになり、吉良の屋敷の前で打ち捨てるように安く売ったら、門の中へ入れるかも知れない。この計略がうまく行かなければそれまでだ。思い切ってやってみようと、煤払いに用いる笹を一まとめ買いまして、衣類の中から最も粗末《そまつ》なものを選《え》り出して、それを着て、頬冠《ほおかむ》りをして煤竹を担《かつ》ぎ、両国橋《りょうごくばし》を本所《ほんじょ》の方へ向かってやって来ます。

すると反対側から坊主合羽《ぼうずがっぱ》を着て、頭巾《ずきん》を被《かぶ》り、杖《つえ》をついた宝井其角がやって来る。

「ああ、悪いところで出会った。どうか会いたくない」と思ったが、もう遅《おそ》い。

鼻の先へ其角が来てから気づいたのだから逃《に》げることもできません。煤竹を橋の欄干《らんかん》に立て掛《か》けて、竹の中へ顔を突《つ》っ込んでやり過ごそうとしたが、其角の方でも「ああ、子葉だな」と見て取ります。

この宝井其角という人は俳聖《はいせい》ともいわれるほどの人物。かつて葛西領《かさいりょう》の百姓に取り巻かれて雨乞《あまご》いの一句を頼《たの》まれ、一命を三囲《みめぐり》の御紙《おんし》へ捧《ささ》げて、「夕立や田をみめぐりの神ならば」と十七文字に祈誓《きせい》を籠《こ》めると、天も感《かん》応したのか、永《なが》の旱ばつで雨の降るときが来ていたのか、そのあたりはわかりませんが、車軸《しゃじく》を流す大夕立《おおゆうだち》を降らしたのが、この其角の名を天下に広めた出来事で、それほど徳のある人ですから、人が零落《れいらく》していれば見捨てられないといった性分《しょうぶん》でございます。

「子葉《しよう》殿、子葉殿」

「これは宗匠《そうしょう》。ご無沙汰《ぶさた》を……」

「どうなさったその後は。家内も噂《うわさ》をしておる。どうぞ草庵《そうあん》へお訪ね下さい」

「いや宗匠、浪人《ろうにん》の生計、やる瀬なく見る影もなきこの有様《ありさま》」

「それはどうも子葉殿のお言葉とも覚えぬ。決してお恥《は》じになることはない。して当節は、どこへお住まいなさる」

「宗匠のご一句通り、『稲妻《いなずま》や 昨日《きのう》は東 今日《きょう》は西』で住所も定まりませぬ」

「それは定めしご不自由でしょう。とにかくお訪ね下さい。拙者《せっしゃ》が相応《そうおう》のご相談に乗りましょうから」

「ありがとう存じます。いずれお伺《うかが》いいたします」

「それにしても、こうして雪の両国の景色《けしき》に見入られているとは、まだ風流の道は捨てておられませんな」

「恥ずかしながら、こればかりは止《や》めることができませぬ」

「いかがでございます。久し振《ぶ》りでございます。付け合おうではございませんか」

師走《しわす》も中旬、両国橋の中央で、筑波《つくば》おろしの冷たい風に吹かれ、手も凍《こご》えて覚えのないくらい。其角は腰の矢立《やたて》を取り出し、凍《こお》っている筆を噛《か》み、懐中《かいちゅう》の紙を出してスラスラッと一句、

「さあ、どうぞお付け下さい」

これを源吾が取り上げて見ると、

「年の瀬や水の流れと人の身は」

大高源吾は心の中で、この宗匠は真実《しんじつ》な人だから、こうして心配をしてくれる。こういう人に苦労を掛《か》けるではないが、もう大望成就《たいもうじょうじゅ》も明日《あす》の晩。忠義のために身をやつしているが、どうぞご心配なさるなと打ち明けて言う訳にも行かず、せめて自分の心中をそれとなくこの脇《わき》の句にほのめかさんと、

「失礼ながらお筆を拝借《はいしゃく》」

とその脇句《わきく》に、

「『あした待たるるその宝船《たからぶね》』」

として差し出した。其角が打ち吟《ぎん》じて、

「あした待たるるその宝船……。おもしろうござる、これは頂戴《ちょうだい》いたしましょう」

「宗匠、お恥ずかしき付け合わせ、どうぞ他人にはお見せなさらぬよう」

「承知《しょうち》いたしました」

このとき、其角の胸に浮かんだのは、「源吾は二君に仕《つか》える料簡《りょうけん》であるな。『あした待たるるその宝船』とは、明日にも仕官《しかん》の口があれば、宝船に乗ったように、元の身分になれるとの意味だろう。こうして煤竹《すすだけ》を売って歩く姿は汚《きたな》いが、腹の中は清い者のはず。貧《ひん》ゆえに心が変わってしまったのか……」ということ。

「子葉殿、年内にお暇《ひま》があれば、どうぞお訪ね下さい」

それを聞いた源吾は、「宗匠のような人でも、私の腹がわからないのか……」と、やはり心の中で思っております。

「いずれまたお伺いいたします。では、これでお別れ申す」

「子葉殿、少しお待ちください。寒さしのぎに何か進ぜたいが……」

と、合羽《かっぱ》を脱《ぬ》ぐと、着ていた黒縮緬《くろちりめん》の羽織《はおり》を脱いで、

「失礼だが、この羽織を着てお出《い》で下さい」

源吾は宗匠の考え違《ちが》いを心配し、今の句を他の人に見られなければよいが、万が一、それを心ある人に見られては一大事と思っております。しかし、今更《いまさら》、返してくれとも言えませんので、出してくれた羽織を無《む》造作《ぞうさ》に羽織って、

「宗匠、頂戴したお羽織、似合《にあ》っておりますか」

とだけ言い残して、竹を担《かつ》いで行ってしまいます。

その後ろ姿を見送る其角は、

「よいことをした。それにしても落ちぶれようが早い……。去年、お家が潰《つぶ》れたといっても、相当の配当金は貰《もら》ったはず。酒を飲んでも乱れはしないし、女に溺《おぼ》れるような男でもない。身持ちは堅固《けんご》で賭《か》け事《ごと》は大嫌《だいきら》い。それなのに……。そうだ！　今の羽織は松浦のご隠居《いんきょ》から拝領《はいりょう》したご紋付《もんつき》。何かあっても都合《つごう》が悪い。明日にでも松浦のお屋敷へ行ってお詫《わ》びをしておこう」

と、翌朝、折しも降る雪も厭《いと》わず、本所《ほんじょ》二ツ目の松浦の中屋敷《なかやしき》へ参ります。すると卜賀《ぼくが》とおっしゃるご隠居が雪を肴《さかな》にご酒宴《しゅえん》の最中。

「ああ、其角が参ったか。さすがは宗匠。『いざさらば雪見に転《ころ》ぶところまで』と出掛《でか》けてきたな。其角、近《ちこ》う近う」

「ご機嫌麗《きげんうるわ》しう存じます」

「大層《たいそう》降ったな。雪月花《せつげつか》というが、衣《ころも》を厚く、火桶《ひおけ》を前に置いて眺《なが》めるには結構だが、こう年を取っては雪は少し恐《おそ》れ入る。さあ、一杯《いっぱい》」

「ありがとう存じます」

「何かおもしろき句はないか？」

「実は昨日、両国橋で子葉に会いました」

「大高か。彼も浅野が断絶《だんぜつ》をして困っているであろう。それでも俳諧で遊んでおるか」

「どうもひどい落ちぶれようで、今は煤払いに用います笹売りをしております」

「それはどうも変であるな……。落ちぶれながらも、もう少し何か思いつきがありそうなもの。それが煤竹売りとは……。して、何か言葉を交わしたか？」

「はい、橋上《きょうじょう》で付け合いだけいたしました。これへ持参をいたしました」

「どれどれ……。なるほど、『年の瀬や水の流れと人の身は』。これはその方だな。流石《さすが》に宗匠だ。で、これが子葉か。なに？『あした待たるるその宝船』……。これ、其角。武士の大高が詠《よ》んだとすれば、これは子葉の真心《まごころ》じゃな。この句は意味深長《いみしんちょう》、昨日から見れば、明日とは今日十四日。彼の主人である内匠頭《たくみのかみ》の命日《めいにち》ではないか。その方《ほう》には武士の心底《しんてい》はわかるまい。私だからよいが、この句をうかつな者に見せてはならぬぞ」

この一言で、宝井其角は初めてその意味が分かった。それまでいただいていた酒もうまくない。そこそこにお暇《いとま》を告げて、松浦邸を出ます。其角は歩きながら、源吾が「どうぞ他人に見せてくれるな」と口にしていたが、それを悟《さと》らずにご隠居《いんきょ》にご覧に入れたところ、松浦様からその意を教わった。今、考えれば、羽織をやったのはかえってこちらの恥。ああ面目《めんぼく》ないと家に着き、一人で酒を飲みますが、これまたまったくうまくない。

折からそこへやって来たのが、服部嵐雪《はっとりらんせつ》と鯉屋杉風《こいやさんぷう》の二人でございます。

「本多様の上屋敷《かみやしき》で、今晩、百韻《ひゃくいん》の催《もよお》しがあるので、貴公を迎《むか》えに来た。すぐに支度《したく》をしろ」

「本多様の上屋敷とは」

「本所松坂町《ほんじょまつざかちょう》だ」

「あの高家吉良殿《こうけきらどの》のご近所か？」

「吉良殿とは塀一重隣《へいひとえとなり》だ」

「よしッ」

支度をして本多孫太郎のお屋敷へ出掛《でか》けますと、嵐雪、杉風、其角の三宗匠がやって来たというので大喜び。百韻を詠《よ》み立て、良い巻ができたといって殿様はご満足。そこへご酒《しゅ》がはじまりますと、女中が出て来て三味線を弾《ひ》くという陽気な座敷《ざしき》となります。そのうちに本多の殿様が、

「雪の夜中、立ち帰るのも難儀《なんぎ》であろう。当屋敷へ泊《と》まりゆけよ」

三人は夜具蒲団《ふとん》を用意してもらい、床《とこ》に就《つ》くと、嵐雪、杉風は酒の勢いで大いびきをかいて寝てしまいますが、其角は眠《ねむ》ることができないでおります。

すると丁度九ツ《ちょうどここの》と覚《おぼ》しき頃《ころ》に、本多様のご門をドンドンと訪れる者があります。

「われわれは先の播州《ばんしゅう》赤穂《あこう》の城主浅野内匠頭《あさのたくみのかみ》の家来。亡君《なききみ》の無念《むねん》を晴らしまいらせたく、今宵《こよい》、吉良上野介の屋敷に討《う》ち入り申す。火の元に用心いたし、過《あやま》ちにも失火《しっか》の憂《うれ》い毛頭《もうとう》これなく、ご隣家《りんか》に決してご迷惑《めいわく》は掛《か》け申さず。念のためお断り申す使いの使者は、富森助右衛門《とみもりすけえもん》」

「大高源吾《おおたかげんご》」

「武士は誰《だれ》もそうありたいこと。この塀は隣家の境でござる。当方より高張《たかはり》あまた差し出だし、よそながら幾分《いくぶん》かのお助けもいたすでござろう。またご不自由の品もあらば、当方に若侍《わかざむらい》を詰めさせ置くによって、塀越しに仰《おお》せつけられい。表向きは相《あい》成らぬが、内分《ないぶん》で蠟燭《ろうそく》、その他、何なりともお助勢《じょせい》申す。また、吉良の家来、上杉の付け人、この塀を乗り越え、当屋敷へ逃《のが》れ来る者があれば、塀越しに隣家へ打ち込《こ》むようにいたすでござろう」

「そのご一言《いちげん》を申し聞けましたら、定めし一同喜ぶことでござろう。後《ご》してお礼は申し上げる」

玄関の衝立《ついたて》の陰《かげ》へやって来て、其角はそれを聞いていたが、大高、富森が行こうとしたときに、

「子葉殿！」

「おお！　これは宝井の宗匠でござるか」

「大高氏、昨日、両国橋で出会いの節は、甚《はなは》だ失礼。『あした待たるるその宝船』。今晩はご当家のお催《もよお》しを幸いに一宿《いっしゅく》願ったが、各々方《おのおのがた》の働きを拝見いたし、末世《まっせ》に方々《かたがた》の忠義の程を其角が筆に書き残し置かん志《こころざし》。どうか立派《りっぱ》に功名手柄《こうみょうてがら》をお祈り申す。お急ぎでもござろうが、はなむけに一句。『我がものと思え

ば軽《かろ》し笠《かさ》の雪』……」

源吾が直ちに、

「……『日の恩や忽《たちま》ちくだく厚氷《あつごおり》』……」

「今一句、『月雪《つきゆき》の中や命の捨てどころ』……」

それを聞いて喜んだ大高源吾は、

「宗匠、お目に掛《か》かるはこれ限り。千万年のご寿命《じゅみょう》の後、冥府《めいふ》において物語をつかまつりたい」

と残して、雪を蹴《け》って駆《か》けて行く。やがて大石が手に打ち鳴らします山鹿流《やまがりゅう》の陣太鼓《じんだいこ》。一打ち二打ち三流《なが》れ、夜陰《やいん》を貫き、轟《とどろ》き渡《わた》ります。

大高源吾、戒名《かいみょう》は刃無一剣信士《にんむいっけんしんじ》。行年《ぎょうねん》三十二。

「赤穂義士銘々伝」のうち、義士と俳人、両国橋出会いの一席でございます。

●作品の背景●

江戸城松《まつ》の廊下《ろうか》での刃傷事件《にんじょうじけん》から吉良邸討ち入りにいたるまでの「本伝《ほんでん》」に対して、赤穂義士それぞれの人生を物語にした「義士銘々伝」の一つです。

主人公の大高源吾は、本名を大高忠雄《ただお》といい、寛文《かんぶん》十二年（一六七二）に赤穂藩士であり、二百石を拝《はい》領《りょう》した大高忠晴《ただはる》の長男として赤穂で生まれました。実弟《じってい》には義士の一人であった小野寺秀富《おのでらひでとみ》がおり、討ち入りの際には表門《おもてもん》隊に属し、太刀《たち》を武器に、真っ先に吉良邸内に入り、番人たちを斬《き》り捨てるという勇猛《ゆうもう》果敢《かかん》さを見せたと言われます。

また、この話でも紹介されるように、松尾芭蕉《まつおばしょう》の没後《ぼつご》、享保《きょうほう》期において江戸俳壇《はいだん》の中心であった水間沾徳《みずませんとく》に弟子《でし》入りをして俳諧《はいかい》を学び、俳人として名を馳《は》せた人物でした。吉良邸からほど近い隅田川《すみだがわ》に架《か》かる両国橋の東橋詰《ひがしはしづめ》には、源吾が最後に詠《よ》んだ「日の恩や忽ちくだく厚氷」の句碑が、現在、建っています。

江戸端唄《はうた》の『笹や節』では、「笹や笹々 笹や笹 笹はいらぬか煤竹を 大高源吾は橋の上 明日待たるる 宝船」と、ここで取り上げた話が唄われています。

講談では義士伝をお家芸《いえげい》とする一龍斎派の一龍斎貞山《いちりゅうさいていざん》をはじめ、神田派の講釈師たちが、また歌舞伎では『松浦の太鼓《たいこ》』という演題で演じられています。

知っておきたい用語集

宝井其角《たからいきかく》

→榎本其角《えのもときかく》　寛文《かんぶん》元年（一六六一）～宝永《ほうえい》四年（一七〇七）。江戸時代前～中期の俳人《はいじん》。松尾芭蕉《まつおばしょう》の高弟《こうてい》。洒落風《しゃれふう》と呼ばれる都会的な俳諧《はいかい》を推《お》し進めた。

水間沾徳《みずませんとく》　寛文《かんぶん》二年（一六六二）～享保《きょうほう》十一年（一七二六）。江戸時代前～中期の俳人。福田露言《ふくだろげん》、内藤露沾《ないとうろせん》の門人で、榎本其角《えのもときかく》と交流し、江戸俳壇《はいだん》を主導した。門下に大高源吾《おおたかげんご》がいた。

茅場町《かやばちょう》の薬師《やくし》　東京都中央区日本橋茅場町《かやばちょう》にある薬師で、智泉院《ちせんいん》を指す。病を治すご利益《りやく》があるとされる薬師如来《にょらい》を本尊《ほんぞん》とし、江戸時代には、茅場町のお薬師様と呼ばれて大変賑《にぎ》わった。

二の丸《にのまる》　城の内部に築かれた土や石の囲いである曲輪《くるわ》の名称で、多くの場合、二番目に重要な曲輪。

譜代《ふだい》

→譜代大名　江戸時代の大名の家格《かかく》の一つで、関ケ原《せきがはら》の戦い以前から徳川氏に従っていた臣下。幕府《ばくふ》の要職に就《つ》いて政務にかかわった。

煤払《すすはら》い　屋内にたまった煤やほこりを払って掃除《そうじ》をすること。年末、正月の準備に家の内外を大掃除することで、江戸時代には十二月十三日に行うのが恒例《こうれい》であった。すすはき。すすとり。

身《み》をやつす　みすぼらしい姿に身を変える。

坊主合羽《ぼうずがっぱ》　江戸時代にオランダ人の合羽を真似《まね》て、桐《きり》油《あぶら》や荏油《えのあぶら》をひいた桐油紙でつくった袖《そで》のない雨合羽。

俳聖《はいせい》　古今《ここん》に並ぶ者のない優れた俳諧《はいかい》の作者。特に松尾芭蕉《まつおばしょう》をいう。

葛西《かさい》　東京都江戸川区南部の地名。古くは江戸川区と葛飾区《かつしかく》の江戸川と中川とにはさまれた地域を広く指した。

三囲《みめぐり》

→三囲神社《みめぐりじんじゃ》　東京都墨田区向島《むこうじま》にある神社。創建年代は未詳《みしょう》（よくわからない）。宝井其角《たからいきかく》が雨乞《あまご》いのために詠《よ》んだ「夕立や田を見めぐりの神ならば」の句を神前に捧《ささ》げたところ、たちまち雨が降ったという伝説があり、現在は境内《けいだい》にその句碑《くひ》が建っている。

御紙《おんし》　紙のていねい語。

祈誓《きせい》　神仏に祈って誓《ちか》いを立てること。

旱《かん》ばつ　雨が長く降らず、農作物に必要な水が乾《かわ》ききること。日照り。干ばつ。

車軸《しゃじく》を流す　車軸のような太い雨脚の雨が降る。大雨の降る様子。

零落《れいらく》　おちぶれること。

宗匠《そうしょう》　文芸・技芸などの道に熟達《じゅくたつ》しており、人に教える立場にある人。師匠《ししょう》。

筑波《つくば》おろし　筑波山の方向から吹《ふ》き下ろす風。また、関東地方で冬季に吹く北風。

矢立《やたて》　腰《こし》に差して携行《けいこう》した筆記具。墨壺《すみつぼ》に筆の入る筒《つつ》を付けて、帯に挟《はさ》むようになっている。

お付《つ》け
→付句《つけく》　連歌《れんが》や俳諧《はいかい》、連句《れんく》で前句《まえく》に付けて詠《よ》む句。発《ほっ》句《く》（第一句）から始めて、参加者が交互に下《しも》の句を続けていく。

二君《にくん》　二人の主人。また二人の君主。ここでは、二人目の主人のこと。

拝領《はいりょう》　目上の人から物をいただくこと。

本所二ツ《ほんじょふた》目《め》　東京都墨田区を流れる竪川《たてかわ》に架《か》かる橋で、隅田川《すみだがわ》から数えて二番目の橋である二ツ目橋（現・二《に》之橋《のはし》）周辺を指す。

中屋敷《なかやしき》　江戸時代における上屋敷《かみやしき》の控《ひか》え、または非常の際の避難所《ひなんじょ》としての屋敷。諸大名《しょだいみょう》の上屋敷には奥方《おくがた》が、中屋敷、下屋敷《しもやしき》には多く部屋方（妾《めかけ》）が居住した。

服部嵐雪《はっとりらんせつ》　承応《じょうおう》三年（一六五四）～宝永《ほうえい》四年（一七〇七）。江戸前～中期の俳人《はいじん》。別号を嵐亭治助《らんていじすけ》、雪《せっ》中庵《ちゅうあん》など。芭蕉門古参《ばしょうもんこさん》の高弟《こうてい》で、俳風《はいふう》は温雅《おんが》で滋味《じみ》がある。

鯉屋杉風《こいやさんぷう》
→杉山杉風《すぎやまさんぷう》　正保《しょうほう》四年（一六四七）～享保《きょうほう》十七年（一七三二）。江戸前、中期の俳人。松尾芭蕉《ばしょう》の門人。家業は幕府《ばくふ》御用の魚問屋で、深川の別荘《べっそう》を芭蕉庵《あん》として提供した。

上屋敷《かみやしき》　江戸時代、上級武士、特に諸国《しょこく》の大名が江戸市中に設けて平常の住まいとした屋敷。

百韻《ひゃくいん》　連歌《れんが》や俳諧連句《はいかいれんく》で、一巻が百句で成り立っているもの。

隅田川《すみだがわ》に架《か》かる両国橋の東橋詰《ひがしはしづめ》
（東京都墨田区両国）に建つ句碑
「日の恩や忽ちくだく厚氷」
［編著者撮影］

本所松坂町《ほんじょまつざかちょう》　現在の東京都墨田区両国にあった町名。吉良上野介《きらこうずけのすけ》（義央《よしひさ》）の邸宅《ていたく》があり、現在、その一部が本所松坂町公園として整備され、公開されている。

九《ここの》**ツ**　現在の夜の十二時ごろ。

高張《たかはり》

→高張提灯《たかはりぢょうちん》　竿《さお》などの先に取り付けて、高く掲《かか》げるようにした提灯。

冥府《めいふ》　死後の世界。冥土《めいど》。

山鹿流《やまがりゅう》　兵学の一流派《りゅうは》で、江戸前期の軍学者・山鹿《やまが》素行《そこう》が甲州流《こうしゅうりゅう》兵学を小幡景憲《おばたかげのり》に学び、創始したもの。

陣太鼓《じんだいこ》　戦場で軍勢の進退を知らせるために鳴らした太鼓。

講談 浪曲 歌舞伎 落語

赤穂義士銘々伝より赤垣源蔵徳利の別れ

（あこうぎしめいめいでん／あかがきげんぞうとくりのわかれ）

歴史 義理 人情 忠義 兄弟

●作品のポイント●

赤穂義士それぞれの逸話《いつわ》（エピソード）を描《えが》いた「義士銘々伝」の中から、〝別れ〟を描いた二人目の物語として、この『赤垣源蔵徳利の別れ』を紹介《しょうかい》します。

大石内蔵助《おおいしくらのすけ》は京の祇園《ぎおん》で遊びに呆《ほう》け、大高源吾《おおたかげんご》は俳人《はいじん》に姿を変えたりと、義士たちは大願《たいがん》を果たすためにその強い思いを胸の奥底《おくそこ》にしまい、身をやつして毎日を過ごしています。

赤垣源蔵は忠義《ちゅうぎ》心の強い男として知られていただけに、大好きな酒に身をあずけ、酒浸《びた》りの日々を過ごし、義士、そして実兄《じっけい》以外には真実の姿を見せることがありませんでした。そしていよいよ討入《うちい》りを果たす前日に、世話になり、心配ばかりかけてきた兄の家に別れの挨拶《あいさつ》をしにやってきます。ところが肝心《かんじん》の兄は生憎《あいにく》の留守《るす》。そこで源蔵は兄の着物を前に別れの盃《さかずき》を傾《かたむ》けます。

数ある「銘々伝」の中でも、兄弟の心温まる愛情が描かれている人気の高い名作です。

【本　題】

赤穂義士の中で、赤垣源蔵重賢《あかがきげんぞうしげたか》という人は、浅野内匠頭のご家来《けらい》で馬廻り《うままわ》役《やく》二百石をいただいた人物で、生来《せいらい》の酒好き。お家大変の後《のち》は、酒に酔《よ》っては往来《おうらい》で寝てしまうことも度々《たびたび》。しかしこれも敵《てき》を欺《あざむ》く計略で、この忠義の心を知らぬ人々は、笑って悪く言う者もございます。

兄の塩山伊左衛門《しおやまいざえもん》は脇坂家《わきさかけ》の御家来《ごけらい》で、弟の志を知っておりますから、酒に酔ってやって来ても小言《こごと》を言わないが、その妻は気が合わぬというのか、源蔵が大嫌い《だいきら》い。亭主《ていしゅ》の留守の際には病気に事寄せて会わぬようにしております。

今日《きょう》しも、卍巴《まんじどもえ》と降りしきる雪の中を、饅頭笠《まんじゅうがさ》に赤合羽《あかがっぱ》、千鳥足《ちどりあし》で一杯機嫌《いっぱいきげん》の赤垣が、芝新銭座《しばしんぜにざ》の脇坂家へとやって参ります。

「ウーイッ……。御門番」

「これは源蔵様でございますか、相変わらず、よい御機嫌で……」

「いや、酒さえ飲めばいつも上機嫌だ」

「久しくお出《い》でございませぬな」

「ふた月ばかり兄のところへ無沙汰《ぶさた》をいたして、今日は申し訳ながら参った……。通るぞ」

「源蔵様、貴下《きか》のお兄様は御留守居《おるすい》を勤めていらっしゃっても、殿様の御門でございますから、被《かぶ》り物《もの》を取ってお通り下さい」

「いや、どうも恐《おそ》れ入った。そのことは源蔵も存じておるが、見られる通り、左には土産《みやげ》を提げておるし、右の手は兄のところへ酒を持ってまいったが、あまり寒いから懐手《ふところで》をして、その徳利《とくり》の紐《ひも》をこうやって押《お》さえておるので、それを放す訳にもいかず、被り物をしたままで通ろうといたした。お咎《とが》めに預かって、何とも恐縮《きょうしゅく》の至り」

と言いながら、竹の皮包みを傍《そば》へ置いて、笠《かさ》の紐を解《と》こうとしたが、堅《かた》く結んであるので、ええい面倒《めんどう》だと、源蔵は饅頭笠の端《はし》に手を掛《か》けてメリメリと取り、笠の台だけを残して、

「これでよいかな。役目とはいいながら門番御苦労じゃな」

と世辞《せじ》を言いながら門を通ります。

「頼《たの》む、頼む」

と、そこへ出てきましたのが下女のおすぎ。

「まあ、源蔵様。今日もまた大層酔《たいそうよ》っていらっしゃいますね」

「またとは何だ。今日は十二月の十四日、数えるような日でも、酒さえ飲めば別に苦労もない。すぎ、兄上はいらっしゃるかな」

「旦那様《だんなさま》はお留守でございます」

「なに、留守? 嘘《うそ》をつけ、この雪の日にどこへ行くものか」

「それでも殿様の御用でございまして、赤坂へいらっしゃいました」

「殿様の御用で赤坂へ……。それでは、すぐにお帰りにはなるまいが、姉上はお在《ざい》であろうな」

「はい、御新造様《ごしんぞうさま》は雪のせいか、ご持病のお癪《しゃく》が起こり、今しがたお医者様がお帰りになりましたばかりでございます」

「姉上はご病気か。それはいかぬな。では兄上は……」

「ですから、赤坂へいらっしゃいました」

「そうであったな。姉上は……」

「ご持病でおやすみでございます」

「そうそう、今聞いたばかり。兄上はどうなすった」

「あなたは一つ事ばかり言っていらっしゃいます。赤坂へお出《い》でになってお留守でございます」

「そのうちにご帰宅になろうから、暫《しばら》くお待ち受けいたそう」

勝手元へ上がった源蔵、徳利をそれへ差し置き、赤合羽を脱《ぬ》ぎ捨て、炉《ろ》の脇《わき》へ座った様子を見ると、今日は例になく小袖《こそで》を着ておりますから、おすぎは大層立派《りっぱ》な姿でやって来たとジロジロ見ております。

「すぎ、これはな、兄上へ毎度お話をする矢野の諸白《もろはく》だ。一番口に合うとおっしゃるから、わざわざ提げて来た。これを兄上へ差し上げてくれ」

「かしこまりました」

「ああ、いい心持ちだ。それでは兄上が帰るまで少し寝るとしよう」

そのまま炉の脇へ横たわった源蔵がひと眠《ねむ》り。ややあって目を覚ますと、

「すぎ、何刻《なんどき》だな」

「もう七ツでございます。大層雪《たいそう》が強くなりました」

「兄上はまだお帰りでないか」

「はい、まだお帰りになりませぬ」

「うむ、ことによったら夜分になるかも知れぬな。そうなっては拙者《せっしゃ》も大きに不都合《ふつごう》だ。まだお姉上様はお休みでいらっしゃるか」

「はい」

「どうも仕方がない……。すぎ、兄上がいつも召《め》していらっしゃる御紋付《ごもんつき》の御平常着《おふだんぎ》があるな。あれをちょっと貸してくれ」

「着ていらっしゃるのでございますか」

「いやいや、着てまいるのではない、少し用がある」

「さようでございますか。お待ち遊ばせ」

と奥《おく》へ入ると、

「御新造さま」

「どうしたえ、すぎや。まだ源蔵殿は帰らないかえ」

「はい、今まで寝ていらっしゃいましたが、目が覚《さ》めますと、旦那様の御紋付の御平常着をちょっと持って来てくれとおっしゃいます」

「着てゆくのかえ」

「いえ、今日は大層お立派でございます。お小袖を二枚召《め》して、相変わらず酔っていらっしゃいますが、何だか様子が変でございます」

「では持って行ってお上げ。わたしはまだ寝ている心算《つもり》にして……」

下女のおすぎが、主人伊左衛門の平常着を持ってまいりまして、

「持って来たな、この衣紋《えもん》掛《か》けへ下げてくれ」

「何をなさいます」

「よいからそれへ掛《か》けろ」

と、源蔵重賢、衣紋掛けへ下げた兄の衣類の前へピタリと座ると、持参した酒を湯呑《ゆのみ》へ注いで、兄の衣類の前へ差し置き、膝《ひざ》を直し、両手をつき、

「さて兄上、それがし幼少のみぎり、赤垣十左衛門《あかかきじゅうざえもん》の家へ養子にまいり、浅野家へ奉公《ほうこう》いたしておりましたが、主家《しゅけ》の不祥《ふしょう》が身の不幸。昨年三月お家の退転《たいてん》。浪々《ろうろう》の後《のち》は兄上の許《もと》へ参り、重ね重ね御厚情《ごこうじょう》に預かり、忝《かたじけの》う存じます。今日はお暇乞《いとまご》いに罷《まか》り出ましたところ、主《あるじ》持つお身の上とは申しながら、生憎《あいにく》御不在《ざい》と承《うけたまわ》り、源蔵力なく戻《もど》ります。万年《まんねん》のご寿命《じゅみょう》過ぎての後、泉下《せんか》においてお目に掛かり、これまでのお礼を申し述べる存念《ぞんねん》……」

とホロリと落とす一雫《ひとしずく》。見ていた下女のおすぎ、

「まあ源蔵様、あなたどうなすったのでございます。泣《な》き上戸《じょうご》になんなすったのございますか」

「いや、泣きはいたさぬぞ」

「今、涙《なみだ》を流していらっしゃったではございませぬか」

「これは涙ではない、寒いので水ッ洟《ぱな》が目から出るのだ」

「ご冗談《じょうだん》ばかり、目から水ッ洟が出るものではございませぬ」

「いや、大きに邪魔《じゃま》をいたした。兄上がお帰りになったら、今日、源蔵がお暇乞《いとまご》いに参ったがお留守と承って、力なく帰ったとよろしゅう申してくれろ」

「何でございますか、何方《いずかた》へかいらっしゃいますので」

「ちと遠方《えんぽう》へ参る」

「ご遠方と申して、どの辺でございます」

「余程《よほど》遠い、十万億土《じゅうまんおくど》じゃ」

「十万億土……。まあ、大層遠い処《ところ》へいらっしゃいますね」

「この度《たび》、浅野大学《あさのだいがく》殿のお供《とも》をいたし、お国表《くにおもて》へ参らねばならぬ」

「そうでございますか。それでは旦那様がお帰り遊ばしたら、さよう申し上げるようにいたします。さぞ旦那様もお力落としでございましょう。久しくお出《い》でがございませんと、源蔵はどうしたかと始終おっしゃるくらいですから。何時頃《いつごろ》お帰りになります」

「そうさ、来年七月は新盆《にいぼん》だから是非戻《ぜひもど》る心算《つもり》だ」

「縁起《えんぎ》の悪いことをおっしゃいます。仏様みたいで」

「アハハハハ、仏かも知れぬ。どうか七月に参ったときは、素麺《そうめん》や白玉《しらたま》は嫌《きら》いだから、やはり酒がよい、酒を供《そな》えてくれろ。それからお目には掛からぬが、姉上のご病気、時候《じこう》も悪いからよろしくお凌《しの》ぎなさるよう。どうも寒気の強いときには癪《しゃく》など起こりやすいから、薬湯《やくとう》でも召《め》すようにと申し上げてくれ。その方《ほう》も早く暇《ひま》を取って、良い亭主《ていしゅ》を持って子どもでもこしらえろ」

「大きにお世話様でございますよ」

と源蔵は供笠《ともがさ》をかぶり、赤合羽を着て、口には出さねど心の淋《さみ》しさ。心残して立ち出《い》で振《ふ》り返る門口《かどぐち》。塩山伊左衛門と認めた表札《ひょうさつ》を暫《しばら》く見ておりましたが、『ああこれがこの世の見納《みおさ》めか』と思えば胸いっぱい。落つる涙を他に覚《さと》られじと、笠に隠《かく》して出て行きます。

ほどなく伊左衛門が帰りますと、妻のおまきは下女共々《ともども》に玄関《げんかん》へ出迎《でむか》えます。奥《おく》へ入った伊左衛門は、普《ふ》段着《だんぎ》が炬燵《こたつ》に入れてあるので、それへ着替《きが》えて座に着くと、

「ああ、今日は寒いな」

「さぞお寒うございましょう。ご用はお済みになりましたか」

「ご用の方は相《あい》済んだ。不在中、誰《だれ》も見えはせなんだか」

「源蔵様がいらっしゃいました」

「源蔵が……。そうか、このふた月あまり姿を見せぬで、大方この寒気になって肌薄《はだうす》いので無心《むしん》にでも参ったか。どんな扮装《いでたち》をいたしておったな」

「生憎《あいにく》、私は持病で臥《ふ》せっておりまして、お目には掛《か》かりませぬ」

「源蔵が参ったときに持病が起こるとは……。そうか、よいよい。誠に心無い男で、姉が病気ということを

聞かば、押しても機嫌《きげん》を聞かねばならぬに、そのまま帰るような奴《やつ》だからどうも困る。何か申し置いたことがありはせぬか」

「おすぎがお話を承《うけたまわ》ってございます」

「さようか……。すぎ」

「はい」

「源蔵が参ったそうだな」

「はい、お出《い》でになりました」

「どういう扮装《いでたち》をして参ったな」

「何でございます、赤合羽《あかがっぱ》に饅頭笠《まんじゅうがさ》を召《め》して、笠が取れて笠台だけしっかり結びつけていらっしゃいました。『お帰りを待つ』と言って、暫《しばら》くお台所に寝ていらっしゃいましたが、そのうちにお目覚《めざ》めになって、『何時《いつ》まで待ってもお帰りはあるまいから帰ろう』とおっしゃって、それから旦那様の御紋付《ごもんつき》の御平常着《おふだんぎ》をお取り寄せになって、それを衣紋掛《えもんか》けに掛け、その前でお酒を注いで、何か独《ひと》り言をおっしゃりながら、ホロホロ涙を流していらっしゃいました。それから私が『源蔵様、あなたは泣き上戸におなんなさいましたか』と申しましたら、『泣いたのではない、あまり寒いので水ッ洟《ぱな》が目から出るのだ』と……」

「馬鹿《ばか》なことを申せ、そんなことばかり言っておらんで、何か源蔵が言い置いたことがありはいたさぬかと尋《たず》ねるのじゃ」

「それがなんでございます。浅野大黒《あさのだいこく》様へお参《まい》りにいらっしゃるんだそうでございます」

「なに？　どこへ……」

「浅野の大黒様と申しまして、駒込《こまごめ》の大黒様の先で大層遠い所だそうでございます。『来年は新盆《にいぼん》に来るが、白玉や素麵《そうめん》は嫌《きら》いだから酒を出してくれ』と、こうおっしゃいました」

「そうではなかろう。『浅野大学殿のお供をしてお国表《おもて》へ参るから暇乞《いとまご》いに来た』とこう申したのであろう」

「よくご存じでいらっしゃいます。『旦那様がお帰りになったらば、よろしく申し上げてくれ。ご持病のお姉さまはお薬湯《やくとう》でもお召しなさるように』と大層優しいことを言ってお帰りになりました」

「うむ、そうか。これまでわれわれに世話を焼かせ、酒を飲んではだらしがない、武士の風上《かざかみ》にも置けぬ奴《やつ》ではあるが、確か当年六月であった。相変わらず源蔵が大酔《たいすい》をして、『すぎ、水を持ってまいれ』と申したので、その方《ほう》が水を汲《く》んで持参いたすと、源蔵が手を出し、器《うつわ》をまだ受け取らぬうちに盆《ぼん》を引いたので、源蔵の袴《はかま》から衣類をビッショリ濡《ぬ》らした。さぞ怒《おこ》るかと思いの外《ほか》、ニコニコ笑いながら、濡れておる衣類の方には構《かま》いもせず、側《かたわら》にあった刀の柄《つか》を検《あらた》め、濡れたところを拭《ぬぐ》い、その後、『すぎ、気を付けろ』と笑いながら申したことがある。それが武士の覚悟《かくご》だ。衣類が濡れたのはどうでもよい。刀脇差《かたなわきざし》は御主人から預かっておるようなもの。たとえ主家断絶《しゅけだんぜつ》いたしても浅野の家来《けらい》。まだまだ刀脇差を大切にするところを見れば、心まで酔《よ》っておるのではないと、そのみぎり拙者《せっしゃ》も心づいた。さようなことを今、話すでもないが、源蔵もさぞ会いたかったであろう」

とその晩は、塩山、好きな酒も飲まず、ただ鬱々《うつうつ》としてお休みになったが、何分にも眠《ねむ》りかねます。ようやく明け方になってひと寝入り。明くれば元禄十五年十二月十五日、雪の旦《たん》の日本晴れ。

「それ、敵討《かたきう》ちの引き上げだ。見に行け、見に行け！」

と、外では大勢《おおぜい》の声。耳を傾《かたむ》けた伊左衛門、窓《まど》を開いて見れば、老いも若きも雪を蹴《け》立って仙台屋敷《せんだいやしき》の方へ行く。窓から様子を尋《たず》ねると、浅野の浪人《ろうにん》が本所松坂町《ほんじょまつざかちょう》の吉良《きら》の屋敷へ討《う》ち入って吉良上野介《きらこうずけのすけ》の首を上げたという噂《うわさ》。さてはと伊左衛門言葉急《せわ》しく、

「常平《つねへい》、ただいま窓の外で、これこれという話。仙台家お屋敷に休息しておるとのことゆえ、その方参って、その仇討《あだうち》の中に源蔵が居るか居ないか見届けて来てくれ」

「へえ、さようなれば行って参ります」

「常平、源蔵が党中《とうちゅう》に居《お》ったら、大きな声で『源蔵殿も仇討の党中に居りました』と、御門前《ごもんぜん》から触《ふ》れ込《こ》んでまいれ。もしも居なかったら、なるたけ静かに帰って来い、その辺はよく心得てな」

常平がすぐに支度《したく》をして、仙台家の御門前へ来て見ると大勢の人で、中々前へ出られません。人垣《ひとがき》を押し分けて前へ進み、今か今かと待つほどに、仙台家では四十余人へ対し、それぞれお手当を下《くだ》し置かれ、一同休息の後、非常門から立ち出《い》でました。追い追い出てくる人々は、小野寺十内《おのでらじゅうない》、同じく幸右衛門《こうえもん》、富森助右衛門《とみもりすけえもん》、磯貝十郎左衛門《いそがいじゅうろうざえもん》、中村勘助《なかむらかんすけ》、倉橋伝助《くらはしでんすけ》、岡島八十右衛門《おかじまやそえもん》、間瀬久太夫《ませきゅうだゆう》と、二列に並んで来る中に、ひときわ鋭《するど》い働きをなして返り血を浴《あ》びたものと見え、総身《そうみ》血まみれになって小脇《こわき》に槍《やり》を掻《か》い込《こ》み、赤垣源蔵重賢が出てまいります。それと見ると、常平はあまりの嬉《うれ》しさに言葉も出ません。やっとのことで、

「源蔵様ッ」

「おお常平か」

「旦那様が源蔵は敵討ちの中にいるであろうから見て来るようにと、お申しつけになりました」

「その方《ほう》にこの場で面会をいたすは、兄上に会《お》うたも同様、先《ま》ず喜んでくれ。昨夜、首尾《しゅび》よく本望《ほんもう》を遂《と》げて、只今《ただいま》引き揚《あ》げの途中」

「へえ、その血だらけにおなりなすったお姿を旦那様がご御覧《ごらん》になったら、さぞかしお喜びでございましょう。すぐにご案内いたしますから、お屋敷までいらっしゃってはいかがでございます」

「御法《ごほう》を破った赤垣源蔵、何分大家《たいけ》の地輻《じぶく》を跨《また》ぐ訳には相成《あい》らぬから、その方よりよろしく申し上げてくれ。これから高輪泉岳寺《たかなわせんがくじ》まで一同揃《そろ》って引き上げる手筈《てはず》。一人この場を外《はず》すという訳にはならぬ」

「さようでございますか。それでは一旦《いったん》高輪にお出《い》でなすったら、私も帰って湯豆腐《ゆどうふ》でも拵《こしら》えてお待ち申しておりますから、ご用が済んだら早くお帰り下さいまし」

「泉岳寺へ参れば、それがしのみならず、いずれも他出《たしゅつ》は叶《かな》わぬこと。殿様の御墓前《ごぼぜん》へ吉良殿の首を供《そな》え上は、党中残らず殿の御霊前《ごれいぜん》において切腹《せっぷく》いたす覚悟《かくご》じゃ」

「ええ！　そんなら源蔵様、泉岳寺へいらっしゃってお腹をお切りになさるのでございますか、それではなおさら旦那様にお会いなさったら、どんなにお喜びなさるか知れません」

「幾度《いくど》申しても同じこと、これより参って兄上に面会をいたす訳にはならぬから、その方よりよろしく申してくれ」

「そうでございますか……。それじゃあ、これがお別れでございますか。いつもとは違《ちが》って、御勇気がお顔に表れておりまして、恐《おそ》れ入ったものでございます」

「ついては常平、これはこの通り槍《やり》についておる短冊《たんざく》、赤垣源蔵重賢と自身に認めたる品。逆《さか》さまながら遺品として兄上のお手へ上げてくれ」

「畏《かしこ》まりました。確かに旦那様へお渡《わた》し申します」

「それからこれはな、御城代内蔵助《ごじょうだいくらのすけ》殿より頂戴《ちょうだい》いたした、癪《しゃく》には即効《そっこう》のある名薬《めいやく》。姉上のご持病にはよく合おうと存ずるから、その方よりよろしく姉上へ差し上げるよう。それに金子《きんす》が五両、最早《もはや》この身に用もないからその方へ預ける」

と源蔵は再び槍を掻《か》い込《こ》んで、党中の者に遅れじと雪を蹴立《けた》てて行く。その後ろ姿を見ていた常平、

「ああ、いつもの源蔵様とはまるで違う。お勇ましい姿だ……。おお、そうだ。こうしてはおられぬ、少しも早く旦那様へ……」

と喜び勇んで雪の中、飛ぶがごとくに立ち帰ります。

塩山伊左衛門は常平の帰りが遅いので、窓へ出て見たり、また玄関へ来たりして待っているところへ、

「旦那様ッ」という声。

「おお、常平か。如何《いかが》いたした」

「旦那様、お喜び下さいまし、源蔵様は引き上げの御人数の中にお出《い》ででございました」

「党中に源蔵がおったか。あの源蔵が党中に……」

伊左衛門はらはらと落涙《らくるい》。

「して源蔵はどういう姿をいたしておった」

「浅野のご浪士、皆同じような扮装《いでたち》でございまして、肩の所に血のついているのは、大方返り血を浴《あ》びなすったのでございましょう。槍を突《つ》いてお屋敷の方を見ていらっしゃいましたから、『源蔵様』と声を掛けたところ、『おお、常平か、よく出て来た』とおっしゃいました。それから『私が旦那様の御名代《ごみょうだい》で参りました』と申し上げましたら、『昨日《きのう》は生憎《あいにく》、ご不在でお目に掛かれなかったのは残念であった。しかし、この場で貴様《きさま》にあったのは兄上にお目通りをしたのも同様だ』とおっしゃいました」

「そうか……、定めし会いたかったであろう。この兄も会いたかった」

「それから、『旦那様にお会いなさったらよろしゅうございましょう』と申しましたが、『何分御法を破った身の上であるから、大家《たいけ》の地輻《じふく》を跨《また》ぐことはできない。これからすぐに泉岳寺へ一同揃って参る。そして泉岳寺へ参って敵《かたき》の首を殿様のお墓へ手向《たむ》けたその上で、一同切腹する』とおっしゃいました。

「そうであろう、身命《しんめい》を投げ打って、亡君《なきぎみ》の思《おぼ》し召《め》しを継《つ》いだる者は源蔵一人ではない。いずれも切腹の覚悟であろう」

「それから旦那様、これは槍《やり》につけておりました短冊でございます、『自分で名前を書いたのだから、逆さまながら遺品と思召《おぼしめ》してお納め下さるように』とお届けでございます」

「おお、この短冊が源蔵の遺品か……。成程《なるほど》、源蔵の手に相違《そうい》ない」

「それからこれは癪《しゃく》の薬で、『昨夜、御城代内蔵助殿から頂いたのだが、お姉上様が癪持ちであるから、これを差し上げてくれろ』とおっしゃいました」

「家内の癪の薬……。まき、これへ出なさい。あの源蔵が姉と思わばこそ、この場に及《およ》んでも心にかけて癪の薬を届けて遣《つか》わした。しかるに昨日暇乞《いとまご》いに参ったとき、碌々《ろくろく》会いもせず、愚痴《ぐち》ではないが、源蔵は拙者《せっしゃ》のためにはたった一人の弟。別れと思えばこそ、雪の中を折角《せっかく》訪ねて来たものを、冷淡《れいたん》の扱いをいたすというは情けない。日頃《ひごろ》笑っていた源蔵は、亡君の仇討ちをして末世《まつせ》に名を残す、武士の鑑《かがみ》となるべき者だ。以来慎《つつし》みなさい」

「恐《おそ》れ入りましてございます。そういうことも存じませんで、まことに申し訳がございませぬ」

「すぎ、源蔵が持参いたした徳利があろう。酒の入ったままでよろしい。それから盃《さかずき》をこれへ持て」

と源蔵の持って来た貧乏徳利《びんぼうどくり》を正面の所へ置き、後《うしろ》へ下がって両手をつき、頭を下げ、

「さて源蔵、その方が折角暇乞いに参ったところ、生憎《あいにく》対面をいたさぬで、まことに伊左衛門残念である。よくぞ仇討ちの党中へ加わり、亡君の御無念《ごむねん》をお晴らし申してくれた。その方が仇討ちをしてくれたので、かく申す塩山伊左衛門、家中一同の者へ対し、世間へ対し、肩身が広く、君公《くんこう》の御前《ごぜん》でも鼻を高こうして出られるようになって喜ばしい。その方の心一つにて兄伊左衛門に箔《はく》をつけてくれたも同様。さりながら今《こん》生《じょう》の別れに参った昨日、面会をいたさぬことが如何《いか》にも残念であった」

と言い差して伊左衛門は涙に暮《く》れております。

そのうちに太守脇坂淡路守《たいしゅわきさかあわじのかみ》様のお耳に入ると、

「源蔵持参の徳利があるそうじゃが、どういう品であるか持参いたせ」

との御沙汰《ごさた》。そこで塩山伊左衛門が桐《きり》の箱へ入れて御前《ごぜん》へ持参いたしましたところ、脇坂公がご覧になって

驚《おどろ》いた。思いもつかぬ妙《みょう》な形をしているので、

「伊左衛門、これが源蔵の徳利か」

「さようでございます」

「余《よ》は初めて見た、何と申す型じゃな」

まさか貧乏徳利とも言えないので、

「これは貧窮徳利《ひんきゅうどくり》と申します」

「おかしな名前じゃな。しかし、貧乏と申すより、貧窮の方が少し体裁《ていさい》がよいの」

殿様は知っておいでになる。そこでお筆をお取りになり、徳利の入っている箱の蓋《ふた》へ、「忠義赤垣の徳利」とお書きなさると、伊左衛門は大いに面目を施《ほどこ》して退出。ほどなく伊左衛門のために五十石の御加増《ごかぞう》を頂《ちょう》戴《だい》したということでございます。

後年《こうねん》、文化文政《ぶんかぶんせい》の頃《ころ》、数寄屋河岸《すきやがし》に居た狂歌堂真顔《きょうかどうまがお》をお邸《やしき》へお召《め》しになったときに、徳利を見せて、これへ讃《さん》せよとおっしゃったので真顔先生が、

「徳利の口よりそれといはねども　昔を聞けば涙溢《なみだあふ》るる」

と詠《よ》んだそうで、これが脇坂家の御宝物《ごほうもつ》の中に数えられているということでございます。

源蔵、引き上げ後は、細川邸に預けられ、二月四日切腹。行年《ぎょうねん》三十五。戒名《かいみょう》は刃広忠剣信士《じんこうちゅうけんしんじ》。

「赤穂義士銘々伝」より赤垣源蔵徳利の別れの一席でございます。

●作品の背景●

この話の主役である赤垣源蔵は実在した赤穂浪士の一人ですが、本名は「赤埴《あかはに》（あかばねとも）源蔵《げんぞう》重賢《しげたか》」という、江戸時代中期の赤穂藩の馬廻《うままわり》で、高畠《たかばたけ》五郎右衛門《ごろうえもん》助武《すけたけ》ともいった人物です。また、講談で読まれるような酒飲みではなく、大の下戸《げこ》（酒が飲めない人）であったという説もあります。さらに討入《うちい》りの前に暇乞《いとまご》いに行ったのは、兄・塩山伊左衛門ではなく、妹の嫁《とつ》ぎ先である下野《しもつけ》宇都宮《うつのみや》の城主・阿部《あべ》備《びっ》中守正邦《ちゅうのかみまさくに》の家臣《かしん》、田村縫右衛門《たむらぬいえもん》であるなど、諸説ある人物です。

そうした細《こま》かい時代考証《こうしょう》や人物考証をしていけばキリはありませんが、多くの人々がこの赤垣源蔵に伝わる逸話《いつわ》に胸を打たれて、色々な話を盛り込んでいったということかも知れません。

先の大高源吾《おおたかげんご》で紹介《しょうかい》した江戸端唄《はうた》の『笹や節』の二番では、赤垣源蔵のことが唄われています。「饅頭《まんじゅう》傘《がさ》に赤合羽《あかがっぱ》　降《ふ》り積む雪もいとわずに　赤垣源蔵は千鳥足《ちどりあし》　酒に紛《まぎ》らす暇乞《いとまご》い」という文句です。

歌舞伎の方では河竹黙阿弥《かわたけもくあみ》の作で『仮名手本《かなでほん》　硯高島《すずりのたかしま》』として演じられることがありますが、講談では重要無形文化財保持者（人間国宝）の神田松鯉《かんだしょうり》や一龍斎貞山《いちりゅうさいていざん》などが、現在でも得意の喉《のど》で聴かせてくれます。

知っておきたい用語集

馬廻《うままわ》り役《やく》
→馬廻《うままわり》　大将を護衛《ごえい》して戦う直轄軍《ちょっかつぐん》。またその人々。

卍巴《まんじどもえ》　卍や巴の模様のように、互《たが》いに追い合って入り乱れること。またそうした模様《もよう》。

饅頭笠《まんじゅうがさ》　かぶり笠の一つで、上が丸く浅く饅頭を上半分に切ったような形をした笠。

芝新銭座《しばしんぜにざ》　現在の東京都港区浜松町一丁目、海岸一丁目周辺を指す。

御留守居《おるすい》　江戸初期に将軍の他行に際し、幕営《ばくえい》にとどまり、その留守を預かった者。

徳利《とくり》　酒を入れる容器。長細くて口がすぼまっている。「とっくり」ともいう。

懐手《ふところで》　和服を着たときに、手を袖《そで》から出さず懐に入れていること。

新造《しんぞう》　武家の妻女のこと。

癪《しゃく》　胸や腹が急に痙攣《けいれん》をして痛むこと。さしこみ。

勝手元《かってもと》　調理などをする所。台所。

小袖《こそで》　現在の和服の元となった、袖口《そでぐち》の小さく縫《ぬ》い詰《つ》まっている衣服。時代を経《へ》て、上着の性格を帯びていき、江戸時代には階層や男女を問わず広く用いられた。

諸白《もろはく》　よく精白した白米を用いた麹《こうじ》と蒸米《むしまい》で醸《かも》した上等の酒。

七《なな》ツ　現在の午後四時ごろ。

心算《つもり》　心の中の計画。心積《づ》もり。胸算用《むなざんよう》。

衣紋掛《えもんか》け　着物などを掛けておく鳥居《とりい》形の家具。

不詳《ふしょう》　ここでは不祥事（好ましくない出来事）を指す。

退転《たいてん》　落ちぶれて他の地へ移ること。

泉下《せんか》　黄泉《こうせん》の下。死後の世界。あの世。

泣き上戸《じょうご》　酒に酔《よ》うと泣く癖《くせ》のこと。酒を飲めない人を下戸《げこ》という。

十万億土《じゅうまんおくど》　極楽浄土《ごくらくじょうど》のこと。

浅野大学殿《あさのだいがくどの》　主君であった浅野内匠頭《あさのたくみのかみ》のこと。

新盆《にいぼん》　ある人が亡《な》くなって迎《むか》えるはじめての盂蘭盆《うらぼん》

赤穂義士が眠る泉岳寺《せんがくじ》
（東京都港区高輪）の山門
［編著者撮影］

泉岳寺《せんがくじ》にある赤垣源蔵の墓
［編著者撮影］

（先祖の霊を供養《くよう》する仏教の行事で、毎年七月十三日〜十五日に行われる）。

素麺《そうめん》や白玉《しらたま》　ここでは、お盆《ぼん》のお供《そな》え物のこと。

無心《むしん》　遠慮《えんりょ》せず、物品や金銭《きんせん》をねだること。

旦《たん》　朝。夜明け。

手当《てあて》　ここでは、処置《しょち》や応対のこと。

地輻《じぶく》　家の入口の敷居。

逆《さか》さまながら　道理や事実に反してはいるが。年下の自分が年上の兄より先に命が亡《な》くなるのは、世間の道理からすれば逆であるが、という意味。

箔《はく》をつける　重みを加える。貫禄《かんろく》をつける。

太守《たいしゅ》　一国の領主。国主大名《こくしゅだいみょう》。

数寄屋河岸《すきやがし》　現在の東京都中央区銀座五丁目周辺。数寄屋橋公園がある。

狂歌堂真顔《きょうかどうまがお》

→**鹿津部真顔《しかつべのまがお》**　江戸後期の狂歌師《きょうかし》で、本名・北川嘉《きたがわか》兵衛《へえ》。江戸数寄屋河岸《すきやがし》に暮らした。

讃《さん》　ほめたたえる文。また、絵に添《そ》える詩文。

江戸端唄　江戸時代に流行した三味線《しゃみせん》を伴奏《ばんそう》にする短い歌。

講談
浪曲
端唄

赤穂義士銘々伝より南部坂雪の別れ
（あこうぎしめいめいでん／なんぶざかゆきのわかれ）

歴史
義理
人情
忠義

●作品のポイント●

赤穂義士にとって、いよいよ大願《たいがん》を果たそうという当日が、この作品の舞台です。

討《う》ち入りを目の前にして、浪士たちはそれぞれに別れを告げてきた中、総大将の大石内蔵助《おおいしくらのすけ》がやって来たのは、亡君《ぼうくん》浅野《あさの》内匠頭《たくみのかみ》の妻・瑤泉院《ようぜんいん》のもとでした。

今晩、討入《うちい》りを決行するということと、我《わ》が心の本心を打ち明けたい大石ではありますが、最後の最後まで自らの行動を悟《さと》られてはいけないと、本当のことを口にできません。そして仇討《あだう》ちの意志のないことを告げてしまいます。そのために瑤泉院からは冷たくあしらわれてしまいますが、そのときの大石の気持ちとは。瑤泉院が大石の本当の思いを知ることのできたのは大石が帰ったあとのことで、仇討の結果を知ることになる、次の『二度目の清書』とあわせて読んでみて下さい。

討ち入りを直前に控《ひか》えての義士の思いが凝縮《ぎょうしゅく》された赤穂義士伝の中の名場面です。

【本　題】

元禄《げんろく》十五年十二月十四日。月は変われど日は同じ、亡君浅野内匠頭《ぼうくんあさのたくみのかみ》のご命日《めいにち》。

この日、大石内蔵助《おおいしくらのすけ》は、降り積む雪を踏《ふ》みしめて南部坂。ここには内匠頭の未亡人阿久里《みぼうじんあぐり》様、今は飾《かざ》りをおろして瑶泉院《ようぜいいん》と名乗り、毎日、亡《な》き夫の冥福《めいふく》を祈《いの》っております。

大石は黄八丈《きはちじょう》の二枚重《にまいがさね》の下着に、二《ふた》つ巴《ともえ》の定紋《じょうもん》をつけ、行儀霰《ぎょうぎあられ》の麻裃《あさかみしも》と威風堂々《いふうどうどう》たる姿。供《とも》に寺坂吉右衛門《てらさかきちえもん》を従えております。

「お頼み申す」

女中が一人それへ出て、

「はい、どちら様でございますか」

「戸田局《とだのつぼね》様がおいでなら、お目に掛《か》かりたい」

「はい、しばらく」

代わって出て来たのは戸田局。この人は赤穂の同志小野寺十内《おのでらじゅうない》の妹でございます。

「これはこれは、どなたかと思いましたら、お珍《めずら》しいお出《い》で、まずまずこれへ」

「戸田殿、お変わりなくて重畳《ちょうじょう》」

「あなた様もご機嫌《きげん》よろしく。御後室《ごこうしつ》様にはもう昨年以来、毎日々々、あなた様の御出府《ごしゅっぷ》をお待ちかねで、お噂《うわさ》の出ない日とてはございませぬ」

「さようでござったか。お目通りを願います」

「さぞお喜《よろこ》びでございましょう」

戸田局が案内をいたし、お目通りへ罷《まか》り出る。後室は今年まだ二十九。花の盛りは過ぎておりますが、評判《ひょうばん》の美人。それが緑の黒髪《くろかみ》を惜《お》しむことなく根元から払《はら》って、白綸子《しろりんず》に浅黄無垢《あさぎむく》の重ねと、昔とはまるで変わったお姿。手近にある諸《しょ》道具もみな仏具ばかり、内蔵助は思わずホロリとひと雫《しずく》。その右左にはお女中方が礼儀《れいぎ》正しく居並んでおります。

瑶泉院は嬉《うれ》しげに、

「おお内蔵助、よくも訪ねてくれました。久々に無事《ぶじ》の姿を見て、喜ばしく、懐《なつ》かしゅう存じます」

「これは有難きお言葉。まず以《もっ》て御安全にあらせられ、恐悦至極《きょうえつしごく》に存じます。私も昨年以来、疾《と》くに罷《まか》り出て、ご機嫌を伺うべきところ、赤穂開城の後、とかく病身に相《あい》成り、漸《ようや》くこの度出府《たびしゅっぷ》つかまつり、今日《こんにち》、お目通り仰《おお》せつけられ、ありがたき幸せに存じ奉《たてまつ》りまする」

「わたしも昨年より一方《ひとかた》ならず会いとう思うておりました。さ、近《ちこ》う」

「ははッ」

「内蔵助、まずそちに訊《たず》ねたいのは、この度出府とあるからは、定めし本望《ほんもう》達する時節が来たのであろう。それはいつ頃《ごろ》じゃ、日は決まったか、安心のために早く聞かせて給《たも》う」

問われて内蔵助、「ああ、ご心中《しんちゅう》察し入る。いつ頃もあったものではない。今宵九《こよいここの》ツ勢揃《せいぞろ》いをなし、本望を遂《と》げん手筈《てはず》。これを申し上げたら、さぞやお喜びのことであろう。申し上げてお気を休め奉ろうかとも思うが、しばし待て。おそばには見慣《みな》れぬ侍女《じじょ》もいる。計略はどこまでも秘密にせねばならぬ。千丈《せんじょう》の堤《つつみ》も蟻《あり》の穴より崩《くず》れるたとえ。お怒《いか》りを蒙《こう》むるまでも、今宵一夜《いちや》、秘密のうちに置かねばならぬ」と考えましたところから、

「恐れながら、本望とは何のことにございまするか。それがしには会得《えとく》まいりませぬが、何事の御意《ぎょい》にござりましょう」

「あれ、内蔵助。本望と申せば、わが君の御無念《ごむねん》を晴らし、仇《あだ》の首を……」

「これは思いも寄らぬ仰《おお》せ。敵討《かたきう》ちというような儀《ぎ》にござりまするか」

「その他に何の望みがありましょうや。そちとても……」

「これはしたり、それはとんでもない間違《まちが》いでござります。それがし、今日お目通り仕《つかまつ》りましたのは、さようなことをお知らせに参ったのではなく、山科永住《やましなえいじゅう》の心を定めましたので、先の殿様の御法事《ごほうじ》を執《と》り行い、あなた様にもお目通り仕《つかまつ》り、お暇乞《いとまご》いを申し上げ、これからは山科において百姓《ひゃくしょう》になり、一生を過ごす心で参ったのでございます」

「では、あの亡君《なききみ》の御無念《ごむねん》を晴らす所存《しょぞん》は……」

「さあ……。最初、諸士《しょし》を集めましたるときには、千三百余人集まりましたが、第二回目の会合には、わずか三百有余人《ゆうよにん》に減じ、三回、四回と会を重ねるうち、残りし者はわずかに五十余人。これにては、籠城《ろうじょう》はおろか、仇討《あだうち》も思いも寄らぬこと。その五十余人さえも、あるいは死に、あるいは行動を失い、今は十人おりますことやら、あるいは二十人もございますやら。最初は力《りき》みもいたしましたが、この有様《ありさま》にては所詮《しょせん》は

蟷螂《とうろう》の斧《おの》の譬《たと》え。また改めて考えてみますれば、事の起こりは、恐れながら亡君《なきぎみ》がよろしからず。殿中《でんちゅう》においてご刃傷《にんじょう》、その身は御切腹《ごせっぷく》。お家改易《かいえき》はこれ当然にて、少しも吉良《きら》殿に対し、意趣《いしゅ》を含むところはこれなく、それにもかかわらず、この上の仇討《あだうち》などとは上《かみ》に対して恐れあり。仕損《しそん》じたれば恥《はじ》の上塗《うわぬ》り。それゆえにそのようなことはきっぱりと思い切り、一生を百姓にて暮らす心にございます」

思いもよらぬ大石の言葉に、瑶泉院はただ茫然《ぼうぜん》として、

「内蔵助、それは本心から言いやる言葉か」

「まったくの本心にございます」

聞くと瑶泉院、玉のような顔に朱《しゅ》を注ぎ、水晶の念珠《ねんじゅ》を取る手もわなわな震《ふる》わせ給《たま》い、

「これ内蔵助、さてはその方の心は腐《くさ》り果てたのか。そうしたこととはつゆ知らず、亡君のお位牌《いはい》に対し、『内蔵助が追って下向《げこう》いたしましょう。そのときこそは、修羅《しゅら》の妄執《もうしゅう》晴らしまいらすべし』と、朝夕申し上げていたことも、みな空《そら》ごとに相《あい》成ったのか。定めなき世と言いながら、聞けば聞くほど腹が立つ。京においてその方が、放蕩無頼《ほうとうぶらい》に身を持ち崩《くず》したということも、風の便りに耳にしておりました。その度《たび》ごとに、『ああ内蔵助は、それまでにして仇《かたき》を欺《あざむ》いているのか。心中さぞや辛《つら》かろう』と思っていたのじゃが、今の一言で愛想《あいそ》も何も尽《つ》き果てた。その方の放埒《ほうらつ》は本心からであったのじゃ。もう顔を見るのも汚《けが》らわしい。とっととこの場を下がれ。ええ、目通り叶《かな》わぬ。早々に下がりおれい」

「これはお怒《いか》りを蒙《こうむ》り……」

「ええ、まだ申しておるか、下がれと申すに！」

瑶泉院はそのまま奥《おく》へ立ち入られますが、内蔵助はじっと畳《たたみ》に手をついて畏《かしこ》まっております。

「御城代《ごじょうだい》様、大石様」

と、戸田局。

「おお、お局」

「御城代様、只今《ただいま》のお言葉、よも御本心からではございますまい。木にも萱《かや》にも心を置く身。ご用心はごもっともでござりまするが、当のお屋敷《やしき》内において、何のご遠慮《えんりょ》。ご本心をこの戸田までお明かしなされませ。あとで御前様へご披露《ひろう》いたします程に……」

「これは戸田殿、御身《おんみ》までそのような。なぜに御後室様に偽《いつわ》りを申しましょうや。本心と申すものはござらぬ」

「それでは仇討のご所存はござりませぬか」

「勿論《もちろん》でござる。そのようなことは早く見限りをつける方がお互《たが》いに幸せでござる」

「あなた様はそれとしても、他の同志はどう遊ばしましたか」

「十のうち、八、九までは拙者《せっしゃ》と同様でござろう」

「吉田様はどうなさいましたか」

「忠左衛門《ちゅうざえもん》はなんでも蕎麦《そばきり》切りを商《あきの》うて、大分繁昌《だいぶはんじょう》していると申すことじゃ」

「まあ、北条流の軍学者が蕎麦切り商人に、あの町人風情《ふぜい》に……」

「その方が結局、あの者のためでござろう」

「わたくしの兄十内《じゅうない》はいかがいたしまするか」

「十内殿は風流《ふうりゅう》な方でござったので、今では祇園《ぎおん》で太鼓持《たいこも》ちをして、中々盛んでござる」

「まあ……。それでも兄は武士のたしなみを忘れず、太鼓の指南《しなん》をいたしておりますか。陣太鼓《じんだいこ》の打ち方の指南をいたしておるのでございましょうか」

「とんでもないこと。太鼓持ちと申すのは、廓《くるわ》に参り、軽口冗談《かるくちじょうだん》を申し、踊《おど》りはねて、遊客のご機嫌《きげん》を取り、それで祝儀《しゅうぎ》を貰《もら》って世を渡《わた》るもので、幇間《ほうかん》、男芸者《おとこげいしゃ》という、あれのことでござる」

「まあ呆《あき》れました。それでは兄は幇間に」

「さようでござる」

「して、甥《おい》の幸右衛門《こうえもん》は」

「これは力が強いので、大坂で車力《しゃりき》をいたしておるそうでござる」

「長生きすれば恥《はじ》多し。情けないことを聞きました。兄も甥も見下げ果てました。しかし江戸表には忠義《ちゅうぎ》金鉄《きんてつ》のような方が多くございましたが、あの方々はどうなされました。まず堀部安兵衛《ほりべやすべえ》殿は」

「なんでも安兵衛は八百屋《やおや》になったということでござる」

「奥田孫太夫《おくだまごだゆう》殿は」

「あれは按摩導引《あんまどういん》になったそうで」

「いやもう、聞けば聞くほど腹の立つことばかり、もう何にも聞きとうございませぬ」

「あまり自慢《じまん》にならぬことゆえ、拙者《せっしゃ》もお話をしたくない。時に戸田殿、これなる一巻は出府の折り柄、道中にて詠《よ》みましたる腰折《こしお》れ。御徒然《おつれづれ》のときに、御前様《ごぜんさま》に御披露《ごひろう》下されたい」

「まあ、お歌を。それは御奇特《ごきとく》なことで。そのお骨折りを忠義の方《ほう》に……。しかし、あの通りのお怒りゆえ、ご覧に相《あい》成るかどうかわかりませぬぞ」

「いや、それはそのときのご機嫌次第《しだい》で。……それからこれはお小遣《こづか》いとして些少《さしょう》ながら金二百両、お金配当の節、余分に相《あい》成りましたれば持参仕《じさんつかまつ》りました」

「それはどうもご親切様に、ご無用になさればよろしいに」

「しからばこれにてお暇仕《いとまつかまつ》る」

「さぞ御多用でございましょう、御随意《ごずいい》に」

来たときとは打って変わって、戸田局の無愛想《ぶあいそう》のこと甚《はなは》だしい。大石はこれが最後の見納《みおさ》めかと、心に泣けど面《おもて》には一滴《ひとしずく》の涙も見せず、雪踏《ふ》みしめて元来《もとき》た道を進んでまいります。内蔵助が寺坂を連《つ》れて立ち出《い》ずると、戸田局は金包みと巻物とを携《たずさ》えて、自分の部屋へと戻《もど》って来ました。

「旦那《だんな》様、お帰り遊ばせ」

出迎えたのは梅という腰元《こしもと》。年はまだ十八だが、大変気が利《き》いているので、戸田局のお気に入りでございます。

「雪の日とは申しながら、今日は大層《たいそう》冷えます。お炬燵《こたつ》が暖まっておりまする」

「それはよく心づいておくれであった。着替《きが》えてすぐに入りましょう」

「はい、今日は元の御城代大石様とやらがお見えになったそうで、さぞ御多用でお疲れでございましょう」

「これはしたり。部屋方《がた》の者がさような立ち入ったことを聞いてはならぬ、慎《つつし》みなさい。これをそこへ載せておくれ」

「はい、あの大層重うございますが……」

「今、お聞きの御城代がお小遣いにと言って置いて行かれたお金じゃ」

「この巻物は何でございますか」

「それは何でも道中お詠《よ》みなされたお歌とのこと」

「さようでございますか、それでは違《ちが》い棚《だな》へ」

「そうしてくりゃれ。そちも疲《つか》れたであろう。早く休みや」

「それでは御免蒙《ごめんこうむ》ります」

お梅は次の間へ下がってお休みに。戸田局も眠ろうと思ったが、思う程に口惜《くちお》しいのは今日の仕儀《しぎ》。城代のみか、兄も甥もその他の家中の人々も、揃《そろ》いも揃って不忠義《ふちゅうぎ》、不仕態《ふしたい》。武士の風上《かざかみ》にも置けない振《ふ》る舞《ま》いの者ばかり。口惜《くちお》しくて眠《ねむ》ることができません。それでもやがてうつらうつらとしていると、静かに後ろの襖《ふすま》を開けて、忍《しの》び込《こ》んで来る者があります。

「はて……」

そっと眼を開いて、行燈《あんどん》の火影《ほかげ》に透《すか》して見ると、日頃《ひごろ》、忠実一図《ちゅうじついちず》のお梅が足音を忍んで違い棚の方へ歩んで行きます。

「婢女《ひじょ》というものは仕方のないもの。先刻の金に目がくれたのか、情けない奴《やつ》め」

と、なおも見ていると、そうとは知らぬ腰元《こしもと》お梅。二百両の金子《きんす》へ手を掛《か》けるのかと思いの他、そんな物には目もくれず、袱紗包《ふくさづつみ》の巻物を取り上げると、にっこり笑ってそれを懐《ふところ》に納め、また足音を盗《ぬす》んで出て行こうといたします。

「くせ者、待てッ！」

枕下《まくらした》に置いた長煙管《ながぎせる》を取ってぱっと投げると、それがお梅の眉間《みけん》へと当たる。

「あれッ！」

逃《に》げようとするのを、背後から飛び掛《か》かった戸田局。

「待て！」

女ながらも小野寺十内の妹、武芸の嗜《たしな》みは充分あるものですから、しっかりと押《お》さえ込《こ》むと、

「莫大《ばくだい》な金子《きんす》には目もくれず、この袱紗包を盗み取ったのには仔細《しさい》があろう。隠《かく》さず申せ。あらがえば拷問《ごうもん》に掛《か》けても白状《はくじょう》させるぞ」

「実はわたくしは赤坂一《ひと》ツ木《ぎ》におります浪人《ろうにん》者の娘。父が上杉家にいささかの由縁《ゆかり》あるところより、同家の御家老千坂兵部《ちさかひょうぶ》様よりの頼《たの》みを受け、伝手《つて》を求めて二年越しのご奉公《ほうこう》。何か変わったことがあるときには、千坂様の方へ知らせる手筈《てはず》になっておりましたが、聞けば今日、元の御城代大石様がお見えになり、残し行かれたこの一包《ひとつつみ》。これこそ仔細《しさい》ありと存じたので、盗み取ったのでございます。この上はどうぞ御法《ごほう》通《どお》りのご処分をお願い申します……」

実にしっかりした言葉であったので、戸田局も驚《おどろ》いて、夜中ながら、その一巻を携《たずさ》えて瑶泉院様の寝所《しんじょ》へ

参ってこのことを申し上げます。そして袱紗包を開けて見ると、そこには、今夜、吉良上野介邸へ討ち入る義党四十七名による連判状《れんぱんじょう》。

「おお、さてはこういうわけであったか。そうとは知らず、罵《のの》り恥《は》ずかしめたのは自らの不覚《ふかく》であった……」

「わたくしも自分の部屋子《へやこ》に間諜《かんちょう》がいるとも知らず、御城代をさげすんだことが口惜《くちお》しゅうございます」

「かたじけないぞ内蔵助」

「今頃《いまごろ》は敵討《かたきう》ちの最中でございましょう。どうか首尾《しゅび》よく本望《ほんもう》を遂《と》げますように……」

主従《しゅじゅう》は神仏に祈り、まんじりともせずその夜を明かします。

東天紅《とうてんこう》と告《つ》げ渡《わた》る鶏《とり》の音とともに、飛び込んできたのは寺坂吉右衛門《てらさかきちえもん》。一党の首尾《しゅび》よく本懐《ほんかい》を遂《と》げたことを物語って、これよりさらに赤穂へ赴《おもむ》くといってお暇《ひま》をいただく。

大石内蔵助、南部坂雪の別れの一席でございます。

●作品の背景●

舞台となる「南部坂」は、現在の赤坂二丁目と六本木二丁目の境界にある坂で、今でも急な斜面《しゃめん》を見せ、坂下には小さな石碑《せきひ》にその名を残しています。

赤穂義士伝の中では、大高源吾《おおたかげんご》による師弟《してい》の別れ、赤垣源蔵《あかがきげんぞう》による兄弟の別れ、そして主君内匠頭《しゅくんたくみのかみ》の妻への別れの、この三つの作品がよく知られ、講談でもよく演じられています。

また、最後に記されているように、討ち入りを無事《ぶじ》果たしたあと、寺坂吉右衛門がその報告をしにやって来ます。その内容は、続いて訪《おとず》れる大石の妻・お石の前で語る場面である、次の『二度目の清書』で紹介していますので、この話の続きとして読んでみて下さい。

また、江戸端唄《はうた》『笹や節』は、大高源吾《おおたかげんご》、赤垣源蔵《あかがきげんぞう》に続いて、この別れの場面を「胸に血を吐《は》く南部坂　忠義に熱き大石も　心を鬼《おに》の暇乞《いとまご》い　寺坂続けと雪の中」と唄《うた》って締《し》めくくっています。

現在でも神田陽子をはじめとした神田派の女性講釈師が、男性目線とはまた異なった演出と展開で、この話を演じています。

泉岳寺《せんがくじ》にある大石内蔵助の墓

[編著者撮影]

知っておきたい用語集

飾《かざ》りをおろす　髪《かみ》を剃《そ》って僧尼《そうに》となる。出家する。

黄八丈《きはちじょう》　織物の一つで、黄色の地に、茶やとび色の縞柄《しまがら》のある糸織りの絹織物。きはち。初め八丈島《はちじょうじま》で織られたのでこの名がある。

二《ふた》つ巴《ともえ》　紋所《もんどころ》（定紋《じょうもん》）の名。巴の渦《うず》を二つ組み合わせたデザイン。

定紋《じょうもん》　家々で決まっている紋。それぞれの家で用いる紋。また、その人が決まって用いる紋。家紋。

行儀霰《ぎょうぎあられ》　江戸時代の小紋染めの模様の名。霰の小紋を規則的に散らした模様。

麻裃《あさかみしも》　麻の裃。裃は江戸時代の武士の中礼服。

重畳《ちょうじょう》　この上もなく満足なこと。大変喜ばしいこと。

後室《こうしつ》　身分の高い人の未亡人《みぼうじん》。

出府《しゅっぷ》　地方から都《みやこ》に出ること。特に、江戸時代、武家《ぶけ》が江戸へ出ること。

白綸子《しろりんず》　「綸子」は精練された生糸《きいと》で織った、厚地で光沢《こうたく》がある絹織物で、その白色の綸子。婦人の礼式用の白《しろ》無垢《むく》や帯、羽織《はおり》の裏《うら》などに用いる。

浅黄無垢《あさぎむく》　ここでは、表裏《おもてうら》すべて薄い黄色の布地で仕立てた着物を指す。

疾《と》くに　すぐに。とうに。とっくに。

九《ここの》ツ　現在の午前十二時ごろ。

千丈《せんじょう》の堤《つつみ》も蟻《あり》の穴《あな》より崩《くず》れる

→蟻《あり》の穴《あな》から堤《つつみ》も崩《くず》れる　ささいなことでも油断すると、大きな災いを招くことがあるというたとえ（『韓非子《かんぴし》』より）。

蟷螂《とうろう》の斧《おの》　蟷螂（カマキリ）が前脚《まえあし》を上げて、大きな車の進行を止めようとする意から、弱小のものが自分の力量もわきまえず、強敵に向かうことのたとえ。

意趣《いしゅ》　ここでは、人を恨《うら》む心があること。恨みが心に積もること。また、その心。遺恨《いこん》。

修羅《しゅら》の妄執《もうしゅう》　常に争いの絶えない世界である修羅道に落ちた者が現世《げんせ》に対して抱《いだ》く執念《しゅうねん》。

放蕩無頼《ほうとうぶらい》　仕事を持たず、酒色《しゅしょく》にふけって品行がよくないこと。ほうとうむらい。

放埒《ほうらつ》　勝手気ままでしまりのないこと。また、そのさま。身持ちの悪いこと。酒色《しゅしょく》にふけること。また、そのさま。

木にも萱《かや》にも心を置く　草木の動きにも敵かと思って警戒《けいかい》する。周囲の人や物事に細心の注意を払う。

蕎麦《そば》切《き》り　現在、食べている「そば」。練ったそば粉を固まりのまま食べる「そばがき」などに対して用いることが多い。

廓《くるわ》　ここでは「遊廓《ゆうかく》」（遊女屋の多くが集まっている一定の区域）の意味。

軽口《かるくち》　軽妙《けいみょう》なしゃれ。調子が軽くておもしろい言葉や話。たわいないが気がきいていて、滑稽《こっけい》みのある言葉や話。

祝儀《しゅうぎ》　ここでは、遊興《ゆうきょう》を提供する者に贈《おく》る金品（チップ）を指す。

車力《しゃりき》　大八車《だいはちぐるま》などを曳《ひ》いて荷物の運搬《うんぱん》をすること。また、その業に従事する人。

金鉄《きんてつ》　堅固《けんご》でしっかりしていることのたとえ。

按摩導引《あんまどういん》　按摩による揉《も》み療治《りょうじ》。

腰《こし》折《お》れ

↓腰《こし》折《お》れ歌　和歌の第三句と第四句との接続がうまくない歌。へたな歌。また、自作の歌をへりくだっていう語。

徒然《つれづれ》　することがなくて退屈《たいくつ》なこと。手持ちぶさた。

腰元《こしもと》　身分の高い人のそばに仕《つか》えて雑用をする侍女《じじょ》。

これはしたり　意外なことに驚いたり、失敗に気づいたりしたときに発する言葉。これは驚いた。しまった。

違《ちが》い棚《だな》　書院造《しょいんづくり》の座敷飾《ざしきかざ》りの一つで、床《とこ》の間《ま》や書院の脇《わき》の柱間《はしらま》などにつくり付けられた棚。

仕儀《しぎ》　物事の成り行き。事の次第。特に、思わしくない結果や事態。

婢女《ひじょ》　召使《めしつかい》の女。下女《げじょ》。婢子《ひし》。

袱紗《ふくさ》　元来は錦《にしき》や唐織《からおり》のような強《こわ》い裂地《きれじ》に対して、絹、縮緬《ちりめん》のような柔《やわ》らかい裂地を指す。

間諜《かんちょう》　敵の情報を集め、味方に通報する者。スパイ。

東天紅《とうてんこう》　東の天に光が差して、夜が明けようとするのを告げる意の漢字をあてて、暁《あかつき》に鳴くニワトリ。またはその声。

講談
浪曲

赤穂義士伝より二度目の清書

〈あこうぎしでん／にどめのきよがき〉

●作品のポイント●

元禄《げんろく》十五年（一七〇二）十二月十四日、大石内蔵助《おおいしくらのすけ》を筆頭《ひっとう》とする四十七士は、吉良上野介《きらこうずけのすけ》の屋敷《やしき》に討《う》ち入り、吉良の首を討ち取って本懐《ほんかい》を遂《と》げます。

一行は亡《な》き主君《しゅくん》へ報告するために、浅野内匠頭《あさのたくみのかみ》が眠る泉岳寺《せんがくじ》へと向かいますが、その途中《とちゅう》で、内蔵助は討ち入りを果たした浪士《ろうし》の身内に仇討《あだうち》の次第《しだい》を伝えるようにと寺坂吉右衛門《てらさかきちえもん》へと頼《たの》みます。

内蔵助から手紙を預かった寺坂は、そのときは播磨国豊岡《はりまのくにとよおか》の石束《いしづか》の実家にいる内蔵助の妻お石と母親の元を訪ね、宿願がかなったことを伝えます。

ここでは寺坂により、討ち入り時の詳細が語られる形で物語が進んでいきますが、その報告を耳にした妻・お石の心境とは。そしてそれを伝える寺坂の思いとは。

そうした人間模様《もよう》とその心情などを想像しながら、講談特有の流れるような語り口で、寺坂が討ち入りの模様を語って聞かせるところもあわせて味わってください。

歴史
義理
人情
忠義

【本　題】

但馬豊岡《たじまとよおか》、京極《きょうごく》の家来《けらい》で石束源五兵衛《いしづかげんごべえ》は隠居《いんきょ》をいたしまして、名を廬山《ろざん》。大石の母、並びに妻子を預かっりおります。

足軽寺坂吉右衛門《あしがるてらさかきちえもん》が、浪士一同吉良邸《きらてい》討ち入《い》りの顛末《てんまつ》の御物語を仕《つかまつ》りたしと来たるのをひと間《ま》へ通し、

「吉右衛門、仇討《あだうち》の顛末苦しからず。その場において物語を聞かせい」

「下郎《げろう》ながら御一統様のお眼鏡《めがね》にかない、昨夜、己《おの》が眼に映りましたる仇討の顛末、御物語を仕ります。お坊《ぼっ》ちゃま方もようお聞き遊ばせい。

さてもその夜は極月《ごくげつ》十四日。夜討ちの勝負かねての計略。打ち立つ時刻丑三《うしみ》つの、軒《のき》の棟木《むなぎ》に降り積もる、雪の明かりが味方の松明《たいまつ》。錣頭巾《しころずきん》な頭にいただき、皆一様《いちよう》の扮装《いでたち》にて、地黒《じぐろ》の半纏《はんてん》だんだら筋、白き木綿《もめん》の袖印《そでじるし》、白山足袋《はくさんたび》に武者草鞋《むしゃわらじ》、銀の短冊襟《たんざくえり》につけ、表には浅野内匠頭家来《あさのたくみのかみけらい》何の某《なにがし》、行年《ぎょうねん》何歳、君恩《くんおん》のため討ち死にとしたためたるを、各々背中に結びつけ、投げ鎌《かま》投げ槍縄梯子《やりなわばしご》、半弓薙刀管槍手槍《はんきゅうなぎなたくだやりてやり》。中にも勇む大高源五《おおたかげんご》殿、得手《えて》たる掛矢《かけや》引き提《さ》げて、手もなく砕《くだ》く表門《おもてもん》。微塵《みじん》になるを幸いに、一時にどっと討ち入れば、若手は矢頭右衛門七《やとうえもしち》殿、村松、吉田が一番に、二番は岡島、不破《ふわ》、小野寺。続く三番が原、杉野、間《はざま》、磯貝《いそがい》、倉橋、早水《はやみず》。四番は交じり七人組。奥田、前原、矢田、木村、物数《ものかず》ならぬこの寺坂。以上二十三人が、大府《たいふ》様の御下知《ごげち》を受け、表門より斬《き》り込んで、玄関《げんかん》、次の間、正面と、修羅《しゅら》の戦い火花を散

らす。また搦手《からめて》は若旦那《わかだんな》主税《ちから》様、後見《こうけん》小野寺十内《おのでらじゅうない》殿、采配《さいはい》とって下知《げち》なせば、間《はざま》兄弟、菅谷、堀部、老人なれど聞かぬ金丸、勝田、大石瀬左衛門《おおいしせざえもん》、劣《おと》らじ負けじと死力《しりき》の勇戦。続いて寄り来る潮田《しおた》、貝賀《かいが》、片岡、神崎与五郎《かんざきよごろう》殿。三手《みて》の組は、三村、近松、横川、茅野《かやの》、赤垣源蔵重賢《あかがきげんぞうしげたか》ら、弓矢の花と斬《き》り結ぶ。先駆け〔魁《さきがけ》〕好む四番手は、入るもあらせぬ間瀬《ませ》の切っ先。中を隔《へだ》つる中村や、操《みさお》正しき村松の、老木《おいき》の色も若返り、十八公が五葉《ごよう》の松。二十三人一党に、しのぎを削《けず》る太刀風《たちかぜ》は、表裏《おもてうら》分かれて四十六人。われわれは旧《ふる》き播州赤穂の城主、浅野内匠頭が浪人《ろうにん》ども。主人の遺命《いめい》相続なし、斬死《ざんし》遂《と》げんと討ち入ったり。少将殿の御首頂戴《おみるしちょうだい》。頂戴なさんと呼ばわり呼ばわり斬り込めば、油断大敵《ゆだんたいてき》なりと上杉の付け人、剣法自慢《けんぽうじまん》の榊原《さかきばら》、鳥居《とりい》、小林、和久、清水。浪人どもの錆刀《さびがたな》と、高言《こうげん》放って斬って出て、ここを先途《せんど》と戦うを、てもおもしろしと堀部、大高、富森、中にも勇む武林。鋭《するど》き太刀風《たちかぜ》、不破、神崎と、この面々に斬り立てられ、さしもに勇む付け人も、枕《まくら》を並べて討ち死になす。四十余人の方々は、いささか手傷受けたれど、命に過《あやま》ち一人もなく、勝負は丑《うし》の上刻《じょうこく》より、寅《とら》の頭に至れども、卑怯未練《ひきょうみれん》な吉良上野介、命惜《お》しみし臆病者《おくびょうもの》。何処《いずこ》へ逃《に》げしか行方《ゆくがた》知れず、年ごろ日ごろ恨《うら》みの仇《あだ》、天を翔《かけ》り地を巡《めぐ》り、七重八重《ななえやえ》鉄桶《てっとう》の囲みあるといえども、やわかこのまま置くべきや。そこよかしこと尋《たず》ぬるうち、天道などかわれわれ一同を、憐《あわれ》み給《たま》わざらん。たちまち見出《みいだ》す袋壁《ふくろかべ》、間十次郎《はざまじゅうじろう》が引き出せば、や、お見事なり若旦那主悦様、怨敵《おんてき》の御首《おみるし》を挙げてござります。人数をまとめ引き上げは、回向院《えこういん》より一ツ目通り、永代橋《えいたいばし》、築地《つきじ》を芝《しば》に高輪《たかなわ》まで、血みどろ、血塗《ちまぶ》れ、血《ち》装束《しょうぞく》。四十余人の引き上げを、諸侯《しょこう》の見物町人まで、褒《ほ》めざる者は一人もなく、中に心ある武士《もののふ》は、これぞ武士の鑑《かがみ》ぞと、涙を流し褒めたるも、みな、先の御城代《ごじょうだい》大石様の、采配《さいはい》よろしくを得ましたるがため。

下郎《げろう》はこれより芸州《げいしゅう》広島、御舎弟《ごしゃてい》大学様の元へ、ご注進を急ぎますれば、委細《いさい》はこれにて御免《ごめん》」と、忠義の奴《やつ》、寺坂は燕返《つばめがえ》し、芸州広島を指して急ぎます。

大石が敵を欺《あざむ》きますために離縁《りえん》と称《とな》え、里方へ送りました母や妻子、仇討成功を吉右衛門《きちえもん》をもって知らしめす。

忠臣義士二度目の清書《きよがき》、一席の抜《ぬ》き読みでございます。

●作品の背景●

ある日のこと、内蔵助が毎日のように酒色《しゅしょく》に溺《おぼ》れている様子を見かねた妻のお石は怒《いか》り、内蔵助はお石に離縁《りえん》を申し出ます。お石と母、幼い子どもたちは播磨国豊岡のお石の実家へと向かいますが、内蔵助は文《ふみ》をしたためて、寺坂に妻たちよりも早く、手紙をお石の父親である石束源五兵衛の元へ届けて欲しいと頼みます。源五兵衛は受け取った手紙と寺坂の言葉の口上《こうじょう》からすべてを悟《さと》ります。

そのときの手紙が「一度目」で、ここで紹介した仇討《あだうち》の本懐《ほんかい》を遂《と》げたことを伝えるために、妻たちに当てた手紙を「二度目」と呼んでいる訳です。

この話の主人公である寺坂吉右衛門は、寛文《かんぶん》五年（一六六五）に生まれ、身分は赤穂藩の足軽《あしがる》で、吉良邸への討ち入り後に姿を消します。その後、幕府の処分を受けることなく、姫路藩士《ひめじはんし》に仕《つか》えて、晩年は江戸麻《あざ》布《ぶ》曹渓寺《そうけいじ》の寺男《てらおとこ》になったと伝えられています。延享《えんきょう》四年（一七四七）没。今も泉岳寺《せんがくじ》の泉下《せんか》に、浅野内匠頭、そして四十七士とともに眠っています（供養墓《くようぼ》）。

知っておきたい用語集

本懐《ほんかい》を遂《と》げる

→本懐《ほんかい》　もとから抱《いだ》いている願い。本来の希望。本意。本望《ほんもう》。

但馬《たじま》

→但馬国《たじまのくに》　現在の兵庫県の北側で日本海側。

豊岡《とよおか》　兵庫県北東部の市。中心部はもと京極《きょうごく》氏の城下町であった。

足軽《あしがる》　普段《ふだん》は雑役《ざつえき》を務め、戦時には歩兵となる身分の低い兵士。

下郎《げろう》　人に使われている男。身分の低い男。男の人をののしっていう語で、ここでは自分自身をへりくだって指している。下臈《げろう》。

極月《ごくげつ》　十二月の異名。しわす。ごくづき。

丑三《うしみ》つ　昔の時刻の数え方で、丑の刻《こく》を四つに分けた三番目にあたる時。今の午前二時から二時半ごろ。

錣《しころ》　兜《かぶと》や頭巾《ずきん》の左右や後方に下げて剣道の面のように首筋《くびすじ》をおおう部分。

だんだら筋《すじ》　一段一段で色の違《ちが》う横縞模様《よこじまもよう》。

武者草鞋《むしゃわらじ》

→ごんず草鞋　乳《ち》（紐《ひも》を通すための小さな輪）と紐とを布でつくったわら草履。主に子どもが用いた。

管槍《くだやり》　槍の一種。柄《え》を金属製の管に通し、左手で管を握り右手で柄を繰り出して突《つ》く。手で柄を持つ普通《ふつう》の槍よりも素早く突ける。江戸時代に流行した。

大府《たいふ》　幕府《ばくふ》や大名などを敬《うやま》っていう語。元々中国の官名で財政をつかさどった。

下知《げち》　下の者に指図をすること。命令。げじ。

搦手《からめて》　城や砦《とりで》の裏門《うらもん》。陣地《じんち》などの後ろ側。

五葉《ごよう》の松　色々な種類のある松の中で、一年中、緑色の葉をつけている松であることから、長寿《ちょうじゅ》を表す縁起《えんぎ》の良い木とされる。

太刀風《たちかぜ》　太刀を振《ふ》るときに起こる風。激しく斬《き》り込《こ》んだときの太刀の勢い。

遺命《いめい》　死ぬときに残した命令。「ゆいめい」ともいう。

少将殿《しょうしょうどの》　吉良上野介《きらこうずけのすけ》がいただいた「従四位上《じゅしいのうえ》・左《さ》近衛権少将《こんえごんしょうしょう》」を指す。

高言《こうげん》　偉《えら》そうに大きなことを言うこと。また、その言葉。

泉岳寺《せんがくじ》に建つ大石内蔵助の銅像
［編著者撮影］

寅の頭《とらのあたま》　昔の時刻の数え方で、今の午前四時ごろ。

鉄桶《てっとう》　鉄製の桶《おけ》。また、団結や防備などが堅《かた》くて、すきがないことのたとえ。

やわか　反語の意を表し、どうして…しようか。万が一にも。よもや。それでもなお。

回向院《えこういん》　東京都墨田区両国にある浄土宗《じょうどしゅう》の寺。諸宗《しょしゅう》山無縁寺《ざんむえんじ》。明暦の大火（明暦三年（一六五七））による焼死者を供養《くよう》するために幕府《ばくふ》が建《た》てた。供養の勧進相撲《かんじんずもう》が興行され、後に旧国技館が建てられた。

一ツ目通り《ひとつめとおり》　回向院《えこういん》の南西に現存する竪川《たてかわ》に架《か》かる橋で、隅田川《すみだがわ》から数えて一番目の橋であることから「一之橋」と呼ばれ、その橋を通る道路に名付けられた通りで、現在では「一の橋通り」と呼んでいる。

永代橋《えいたいばし》　元禄十一年（一六九八）に架《か》けられた隅田川《すみだがわ》の下流の橋。東京都中央区新川《しんかわ》と江東区永代の間を結んでいる。

注進《ちゅうしん》　事件を書き記して上申すること。また、事件を急いで目上の人に報告すること。

泉下《せんか》　死後、人の行くところ。あの世。

伎 舞 歌
璃 瑠 浄
談 講
曲 浪
語 落

赤穂義士外伝より天野屋利兵衛

（あこうぎしがいでん／あまのやりへい）

歴史
義理
人情
忠義
兄弟
友情

●作品のポイント●

赤穂義士《あこうぎし》にまつわる物語は、討《う》ち入りに参加した四十七人のものばかりではありません。この話のように、赤穂義士の周囲にいて、討ち入りの協力をした人々の物語も演じられています。

天野屋利兵衛《あまのやりへえ》は大坂（現在の表記では大阪）の商人で、討ち入りに必要な道具や武器を隠《かく》れて調達《ちょうたつ》した人物でした。しかし、赤穂義士の動きを察知《さっち》した幕府《ばくふ》は、利兵衛に謀反《むほん》の疑いをかけて捕縛《ほばく》します。拷問《ごうもん》を用いて問いただそうとしても、一向《いっこう》に口を割らない利兵衛。ついに罪のない息子までも拷問にかけられますが、そのときに発した「天野屋利兵衛は男でござる」という名文句が有名です。

わが身を犠牲《ぎせい》にしても、義に報いたその生き方をどう感じるか。ここでは浪曲で演じられる形式で物語を取り上げます。「〽」で示した、いわゆる歌の部分で詩的に描《えが》かれる様子とともに、登場人物たちの思いを想像しながら読み進めて下さい。

【本　題】

〽散らば散れ　散り際清き桜花《さくらばな》
町人なれど両刃《りょうじん》を　胸に納めし天野屋利兵衛
赤穂浪士の仇討《あだうち》の　忍《しの》び道具を整える
事現れて縛《しば》り縄《なわ》　どんな責め苦も拷問《ごうもん》も
何で恐《おそ》れよ胸の内

一枚の白き紙にも裏表《うらおもて》、ここは大坂西町奉行《にしまちぶぎょう》。正面には松野河内守《まつのかわちのかみ》、吟味《ぎんみ》役は磯部武太夫《いそべぶだゆう》、御祐筆《ごゆうひつ》に目《め》安方《やすかた》。

「大坂北浜一丁目、廻船問屋《かいせんどんや》天野屋利兵衛、面《おもて》を上げい！」

「へ、へい」

「そちは京町堀鍛冶屋《きょうまちぼりかじや》を偽《いつわ》り、天下法度《てんかはっと》の夜《よう》討ちの道具をこしらえた覚えがあろう。有体《ありてい》に申し上げよ」

「仰《おお》せの通りにござりまする」

そばに聞き入る磯部武太夫、

「うん、さすがは一家の主《あるじ》、よう白状《はくじょう》した。して、それは何者に頼《たの》まれ、いずれに回《まわ》せしか。また、これをこしらえるについて、その方一人《いちにん》ではあるまい。他に連累者《れんるいしゃ》なくては叶《かな》わぬはず。ことごとく申し上げよ」

「最前より天下法度の品と仰《おお》せにござりまするが、決して御上様《おかみさま》に対して慮外《りょがい》を働きまする品ではございません。甚《はなは》だ恐《おそ》れ入《い》りまするが、今年は牢中《ろうぢゅう》にお繋《つな》ぎ下《くだ》し置かれまするよう。明年《みょうねん》になりますれば、お調べになりませぬとも、逐一《ちくいち》申し上げます」

「黙《だま》れ！　恐れ多くも天下の決断所《けつだんじょ》なるぞ。罪人の指図《さしず》は受けん。白状いたさねば身体《からだ》に聞くぞ」

「ご随意《ずいい》に」

今しも拷問の用意に取り掛《か》かろうとしたときに、松野河内守、

「あいやこりゃ、しばらく待て。利兵衛、心得違《こころえちが》いいたすなよ。そちも松永弾正《まつながだんじょう》の末孫《まっそん》と聞く。申しようによっては役目離《はな》れて尽《つ》くしつかわすぞ」

「はい、お情けのお言葉には候《そうら》えど、このことばかりは申し上げかねます。何卒《なにとぞ》、不埒《ふらち》な奴《やつ》とお叱《しか》りを下さるよう」

「しからば、どうあっても白状はできざるか？」

「はい、恐れ入りましてござります」

「それ！」

と目配《めくば》せをすると、ハッと答えて下役が運び来ました算盤責《そろばんぜ》め。樫木《かしき》三角棒を二本並べ、その上に利兵衛を乗せる。身体の重みだけでも非常なもの。ましては膝《ひざ》の上に五貫目《ごかんめ》もあろうという石。右左に分かれた下役が四隅《よすみ》を持って、グラグラと揺《ゆ》する。骨も砕《くだ》くるかと思うばかり。

「白状せい！」

「申し上げられません」

「手ぬるい！　もそっと効《き》くようにせい！」

二枚、三枚、如何《いか》な強情な者でも、これでは白状せずにはおられない。髪《かみ》はさんばら、怨めしそうに松野河内守をじっとうち見やり。

〽お責めなさるはお役目の　決して御上《おかみ》は怨《うら》まねど

ただこの上のお情けに　いっそのことにひと思い

命をお取りくだされと　口には言わねど胸の内

じっと堪《た》えるその痛さ。口より流るる血潮は胸に迫《せま》って物凄《ものすご》く、あまりのことに気絶《きぜつ》をする。気付けのお情けを貰《もら》って御牢内《ろうない》へ下がって来ました。

さあ、手を変え、品を変え責めるがどうしても白状しない。今日で七日目。早くも天野屋を白州《しらす》に引き出だして、

「利兵衛、今日《こんにち》まで調べると言えど、白状いたさぬ不届き至極《しごく》。本日は責め殺すまでも痛め、吟味に相掛《あいか》けるから、その分に心得。よっては今際《いまわ》の際《きわ》に撫養《ぶよう》の情けをもって、そちの倅《せがれ》にひと目会わせつかわす。上《かみ》の慈悲《じひ》を忘れるな。それ！」

と言うと、下役が連《つ》れて来ました、当年七つになる倅《せがれ》の由松《よしまつ》。両親に別れ、近所の人の世話になり、子ども心に毎日毎日、お父様に会いたいと泣き暮らしているから、目も泣き腫《は》らし、愛らしき顔はどこへやら。父の姿をひと目見るより、

「ああ、お父様はここに居てか」

とバラバラッと馳《は》せ寄って、

「父様、坊《ぼう》は会いとうてのう。早くお家へ帰りましょう」と、

〽回らぬ舌ですがりつく
身動きもできぬ天野屋は　落つる涙をまぶたで留め
焼野《やけの》の雉子《きぎす》　夜《よる》の鶴《つる》　この世の中に生まれ来て
親と呼ばれ　子と呼ぶは　深い縁《えにし》の深《ふかみどり》　緑
たった一人の幼子《おさなご》を　抱《だ》くに抱かれぬ身の因果《いんが》

「利兵衛、そちは子どもは可愛《かわい》くはないか?」

「はい、仰《おお》せまでもござりませぬ。生《せい》あるものにござりますれば、愛《いと》しいのは当然かと心得ます」

「うん、さようか。そちが白状いたさぬそのときは、不憫《ふびん》なれども、その方の子どもの身体《からだ》に聞くがどうじゃ?」

「うう、もし、倅《せがれ》にどんな罪がございましょう。何にも知らぬ由松を拷問にかけるとは、それはあまりご無体《むたい》でございましょう」

「しからば白状するか？」

「さあさ、その儀《ぎ》は……」

「強情な奴《やつ》。それ、由松を火責《ひぜ》めにせよ！」


指図《さしず》の下《もと》に運び来たった火責めの道具。縦《たて》が六尺、幅《はば》四尺、土で固めた大きな器。中には燃え立つばかりの火。上に載《の》せたるは一枚の鉄板《てついた》。見る見るうちに紅《くれない》の熱《あつ》き炎《ほのお》に照らされる。見るのも恐ろしき火責めの道具。これはと驚《おどろ》く天野屋利兵衛。

〽水責め火責めの拷問は　かねて噂《うわさ》に聞きたれど
今見るのが初めての
それもわが身にかかるなら　さらに厭《いと》いはせぬけれど
まだ幼気《いたいけ》の由松を　火責めにするは何事ぞ
もしもわが子の愛着に　実はこうじゃと白状すれば
大石様をはじめとし　同志の苦心も水の泡《あわ》
水責め火責め何のその　義理には勝てない世の習い

下役人が由松の脇《わき》の下に両手を入れる。いまや火責めにしようとした伸びたる足をグイと縮《ちぢ》め、

「あれえ、父様。坊はおいたはせぬほどに、どうか詫《わ》びして下さい。おじさん、堪忍《かんにん》して。あれえ、熱い！　熱い！」

と泣き叫《さけ》ぶ。

「これ、由松。何故《なぜ》泣く、何故泣く。笑ってその鉄板を渡《わた》っておくれか。泣くな、泣くな。泣けば子でない、親ではない」

「あい、それなら坊は父様と一緒《いっしょ》に殺されます」

〽両眼《りょうがん》閉じて天野屋は　むごい父じゃと怨《うら》むなよ
これも前世《ぜんせ》の約束事　卑怯《ひきょう》な振《ふ》る舞《ま》いするじゃない
幼《おさな》けれども父が子じゃ　お前ばかりは殺しはせぬ
父ももろとも冥途《めいど》の旅　三途《さんず》の川や死出《しで》の山
わしが手を引き行くほどに　無理なことじゃが死んでくれ

「利兵衛、子どもを不憫《ふびん》とは思わぬか。白状いたさぬその上は、罪なき倅由松を焼き殺すからさよう心得」

天野屋は河内守《かわちのかみ》をハッタと睨《にら》み、

「くどうござる！」

〽町人なれど天野屋を
思い見込《みこ》んで頼《たの》むぞと　引き受けましたるからは
たとえ妻子《さいし》がどのような　水責め火責めにあうとても
これで白状したのでは　頼まれました甲斐《かい》がない
天野屋利兵衛は男でござる

さすがに河内守、顔色も見る見るうちに変わってきた。そうでしょう。こうでもしたら白状するかと思ったが、どうしても白状しないところへ慌《あわ》ただしく一人の下役。

「申し上げます」

「何事じゃ」

「只今、天野屋利兵衛女房《にょうぼう》の末《すえ》と申す者、夫の一大事について、只今駆《ただいまか》け込《こ》み参りましたが、この儀《ぎ》、如何《いか》に取り計《はか》らいましょうや」

聞いて居並ぶ役人、河内守《かわちのかみ》は思わず前へ乗り出だし、

「おお、さようか。直《ただ》ちにこれへ引け！」

「はっ、心得ました」

「こりゃ、その拷問、しばらく待て！」

このとき、河内守、ことのほかに喜んだ。女は口のさがないもの。ひょっと大事がわかるかも知れぬ。そ

れに引き替《か》え、利兵衛の驚《おどろ》き。もとより大望《たいぼう》を知る由《よし》はないが、もし浅野様に出入りをしていたことが女房の口から洩《も》れたら、今までの苦労も水の泡。引かれて来たる女房の末《すえ》。変わり果てたる夫の姿、ひと目見るより、

「おお、利兵衛殿、お前は由松……」

ワッとばかりに泣き倒《たお》れた。

「これこれ、決して怖《こわ》い所ではない。そちが天野屋利兵衛女房の末と申すか。夫の一大事じゃ。のう、そちが申すようによっては、利兵衛並びに由松の命は助からぬこともないぞ」

「ああ、もし、ええ、女房は先だってより発狂《はっきょう》の気味にて、り、り、り、離縁《りえん》いたしておりますれば、何事もお取り上げなきよう……」

「控《ひか》えろ!」

「へへ」

「夫に限りましては、決して謀反《むほん》を起こすような大それた悪人ではございません。何故《なぜ》なれば、第一の証《しょう》拠《こ》には、朝起きましても神棚《かみだな》へ手を合わせ、国家《こっか》安穏《あんのん》、家内安全《かないあんぜん》と祈《いの》りまするが何よりの印」

「こりゃ、末。利兵衛は日ごろ、いずれの屋敷《やしき》へ出入りをいたしておった?」

「はい、長年、浅野家へ出入りを許されておりました。それゆえ、普段《ふだん》より願うことではないが、浅野お家に事あるときは、命に代えてもご奉公《ほうこう》をせねばならぬと日ごろ口癖《くちぐせ》。しかるに去年三月十四日、松《まつ》の廊下《ろうか》のご刃傷《にんじょう》。浅野家は上よ下への大騒《おおさわ》ぎ。このとき、私を手元に呼んで、これ女房、そちも知っている通り、

お家の大変。男の子は男につくが、当然わしは倅由松を連《つ》れ、赤穂城《あこうじょう》に駆けつけて、万分の一のご恩報《おんほう》じ」

「うん、それからどうした？」

「はい」

〽紙一枚の薄《うす》き縁《えん》　袷物《あわせもの》は離《はな》れもの
長い夢じゃと諦《あきら》めて　ひとまず堺《さかい》の親元へ
帰ってくれよの夫の頼《たの》み
飽《あ》きも飽かれもせぬ仲を　心細くもただ一人
里方太田《さとかたおおた》良山《りょうざん》の　もとにわびしく暮らすうち
籠城《ろうじょう》せずに済んだゆえ　戻《もど》って来いよのうれしい便り
飛びつく思いで帰り来てみれば
変わりし夫の放蕩《ほうとう》祇園《ぎおん》
島原撞木町《しまばらしゅもくまち》　物言う花に浮かれ出し
意見はすれど聞き入れず
あまりのことに愛想《あいそ》つき　涙で出した逆暇《さかいとま》

「またまた親元へ帰りましたら、今度の始末。もしご奉行《ぶぎょう》様、利兵衛に頼んだその人は」

「むむっ、何者なるぞ」

「多分、浅野家の大イ……」

「これ、黙《だま》れ、黙れ、黙れ、黙れ、黙れおろうぞ！」

このとき、河内守、扇《おうぎ》を膝《ひざ》の上に置かれ、利兵衛の顔をじっと見て、

「利兵衛、そちは何が悲しくて泣くのじゃ？」

「はい、あまりのうれしさにうれし泣き」

「おお、さもあらん。これ、天野屋、そちゃ、男じゃのう。いかにもその方《ほう》、本年いっぱい牢中に繋《つな》ぎ置くぞ。それ！　利兵衛を労《いたわ》りつかわせ。立ちませい！　これ天野屋、身体《からだ》だけは大事にいたせ」

〽引かれて下がる天野屋の　後ろ姿を見送りて
小膝叩《こひざたた》いて河内守
さては浅野の城代家老《じょうだいがろう》　大石殿に頼まれたるか　夜《よ》討ちの道具
生命《いのち》に代えても白状せぬは
見込《みこ》んだりやな内蔵助《くらのすけ》　見込まれたりや天野屋利兵衛
いずれ劣らぬ花菖蒲《はなあやめ》
くどく調べる暁《あかつき》は　大石殿に縄《なわ》かかる
さすれば長《なが》の艱難《かんなん》も　みな一様の水の泡《あわ》

武士は柄先三寸《つかさきさんずん》の誼《よしみ》　後日公儀《こうぎ》にお咎《とが》めあれば
三千五百石食禄《しょくろく》　返納すればそれでよし
それで足りないそのときは　河内守がただ一人
腹切り死ねば事足れり
義を見てせざるは勇みなし
人は一代　名は末代《まつだい》　何で惜《お》しかろこの命
明くれば元禄《げんろく》十六年
湊合交《そうごうまじ》えし諸人《もろびと》が　祝う正月は中旬に
囚《とら》われ来るは江戸生まれ　三次《さんじ》という罪人《ざいにん》より
一部始終の討《う》ち入り話
飛びつくばかりの天野屋が
うれし涙《なみだ》や後や先　初めてここに白状する
河内守のお情けで
大坂離れ泉州《せんしゅう》の　堺《さかい》の里に仮住《かりず》まい
倅《せがれ》の成長待つうちに　隙《ひま》行く駒《こま》の足並み速く
早くも十九の春迎《むか》う　二代目利兵衛を相続させ
髪《かみ》を丸めて墨染《すみぞ》め袈裟《けさ》や　法衣《ころも》を身にまとい

京都は北野の瑞光院《ずいこういん》　浅野御家の御菩提所《ごぼだいじょ》
義士《ぎし》の供養《くよう》を怠《おこた》らず
享保《きょうほう》六年時雨《しぐれ》降る　十一月は二十三日
齢《とし》積もりて七十六歳　眠るが如《ごと》く世を去りぬ
瑞光院の奥城《おくつき》は　苔《こけ》はむしても芳《かんば》しく
幾千代《いくせんだい》までも名を残す　義あり涙の天野屋利兵衛
これに留《とど》める次第《しだい》

●作品の背景●

赤穂義士《あこうぎし》を支え続けた周囲の人物たちの生き方を描《えが》いた「赤穂義士外伝」の一席で、現在でも講談や浪曲で演じられる人気の場面です。ここでは昭和期に活躍をし、この話を得意にしたことで知られる、初代春日《かすが》井梅鶯《いばいおう》（明治三十八年（一九〇五）～昭和四十九年（一九七四））が演じた浪曲を示しました。

天野屋利兵衛は実在した人物で、寛文《かんぶん》元年（一六六一）に生まれ、享保《きょうほう》十八年（一七三三）に没した、名は直之《なおゆき》という大坂の商人で、赤穂藩とは直接関係のない人物であるものの、早い段階から赤穂義士を助けたことで知られています。

歌舞伎『仮名手本忠臣蔵《かなでほんちゅうしんぐら》』では、十段目に「天河屋義平《あまかわやぎへい》」と名を変えて登場します。

知っておきたい用語集

両刃《りょうじん》　刃物《はもの》で、刃先の断面《だんめん》の左右両側に刃がついていること。また刀剣《とうけん》などで、鎬《しのぎ》（刃と反対側の峰《みね》の間の膨《ふく》らんだ部分）を境に両方に刃がついていること。

吟味役《ぎんみやく》　江戸時代、裁判《さいばん》で訴訟《そしょう》や犯罪の吟味（調べる）をする役。

祐筆《ゆうひつ》　文書や記録の作成をつかさどった武家《ぶけ》の職名。

廻船問屋《かいせんどんや》　江戸時代、海運業者と荷送り人との間に立ち、貨物運送の周旋《しゅうせん》（売買を取り持つこと）をした店。

鍛冶屋《かじや》　金属をきたえ、加工をして器物をつくることを職業とする人。

連累者《れんるいしゃ》　ここでは共犯者《きょうはん》のこと。

法度《はっと》　禁止されている事柄。掟《おきて》。法律。

慮外《りょがい》　思いがけないこと。無礼《ぶれい》であること。

松永弾正《まつながだんじょう》

→松永久秀《まつながひさひで》　戦国時代の武将。初め、三好長慶《みよしながよし》に仕《つか》えたが、奈良に多聞城《たもんじょう》を築いて主家《しゅけ》を滅《ほろ》ぼし、将軍足利義輝《あしかがよしてる》を殺して東大寺大仏殿を焼いた。織田信長の入京に際して降伏したが、のちに背《そむ》いて敗死《はいし》した。

算盤責《そろばんぜ》**め**

→石抱《いしだ》**き**　江戸時代の拷問《ごうもん》の一つ。三角状にした木を並べた台に容疑者を座らせ、その膝《ひざ》の上に平たい石を積み重ねて自白《じはく》を強要したもの。

五貫目《ごかんめ》

→貫《かん》　尺貫法《しゃっかんほう》の重さの基本単位。一貫は千匁《もんめ》、三・七五キログラム。

白州《しらす》　江戸時代、奉行所《ぶぎょうしょ》の罪人を取り調べた所に白い砂が敷《し》いてあったところからついた名前。法廷。奉行所

撫養《ぶよう》　かわいがって養《やしな》うこと。撫育《ぶいく》。

焼野《やけの》**の雉子**《きぎす》**、夜**《よる》**の鶴**《つる》　子を思う親の情愛が深いことのたとえ。「雉子」は雉《きじ》のことで、巣のある野を焼かれても、雉は危険を顧《かえり》みずにわが子を助け、鶴は霜《しも》の降りる寒い夜に、自分の羽を広げて子を暖めることから。

ご無体《むたい》　無法状態であるさまや、乱暴《らんぼう》で無茶《むちゃ》なさま。

尺《しゃく》　尺貫法《しゃっかんほう》の長さの基本単位。一尺は約三〇・三セ

ンチメートル。

冥途《めいど》　死後に迷い行くといわれる暗黒の世界。冥土。

三途《さんず》の川《かわ》　死後七日目に渡《わた》るとされる、冥途《めいど》にある川。三つの瀬があり、生前の業《ごう》（報《むく》いを招く生きていたときの行い）によって、善人は橋を、軽い罪人は浅瀬《あさせ》を、重い罪人は流れの速い深みを渡るという。

死出《しで》の山《やま》　人が死後に行く冥途《めいど》にあるという険《けわ》しい山。

口《くち》さがない　他人のことをあれこれ口うるさく批評《ひひょう》するのが好きである。口うるさい。

袷《あわせ》　単衣《ひとえ》に対し、表布と裏布《うら》とを合わせ、一枚の布のように仕立てた衣服。

放蕩《ほうとう》　思うままに振《ふ》る舞《ま》うこと。特に、酒や女遊びにふけること。

祇園《ぎおん》　京都府京都市東山区の八坂神社《やさかじんじゃ》（祇園社）のある周辺の地名。花街《はなまち》としても知られる。

島原《しまばら》　京都府京都市街の南西部にあった近世の代表的遊廓《ゆうかく》。

撞木町《しゅもくまち》　江戸時代、京都の伏見《ふしみ》にあった遊廓《ゆうかく》。町並《まちな》みが撞木《しゅもく》（鐘《かね》などを打ち鳴らすT字形の棒）の形をしていたところから付いた。

逆暇《さかいとま》　暇（ここでは夫婦が別れること）は江戸時代は夫から出すものであるが、この話では妻から夫を離縁したので、「逆暇」と言った。

艱難《かんなん》　大変な困難や辛《つら》い経験。

柄先三寸《つかさきさんずん》の誼《よしみ》　武士の魂《たましい》である刀を交わすような親しい間柄《あいだがら》のたとえ。

湊合《そうごう》　一つに集まること。

隙《ひま》行く駒《こま》の脚足《おあし》並《な》み速く

↓隙行く駒　年月の早く過ぎ去ることのたとえ。

瑞光院《ずいこういん》　京都府京都市山科区《やましなく》にある、浅野長矩《あさのながのり》公の墓と赤穂義士の遺髪埋葬《いはつまいそう》の塔を中心とした廟所《びょうしょ》。

奥城《おくつき》　墓。墓所。奥つ城、奥津城《おくつき》。

主な参考文献

『歌舞伎名セリフ集』永山武臣・監修（新潮社）
『国立劇場上演台本集』（国立劇場芸能調査室）
『新潮日本古典集成』（新潮社）
『新日本古典文学大系』（岩波書店）
『日本古典文学全集』「近松門左衛門集」（小学館）
『日本古典文学大系』（岩波書店）
『名作歌舞伎全集』（東京創元社）
『定本講談全集』（講談社）
『講談全集』（大日本雄辯會講談社）
『日本浪曲大全集』（テイチク）

編集協力者
瀧　口　理　恵
神　谷　桜　子
枡　居　　　奏

さくいん

あ行

青山隠田《あおやまおんでん》 80
赤膏薬《あかこうやく》 66
麻 裃《あさかみしも》 128
浅葱幕《あさぎまく》 46
浅黄無垢《あさぎむく》 128
浅野大学殿《あさのだいがくどの》 114
足軽《あしがる》 134
東《あずま》 67
東 夷《あずまえびす》 20
蟻《あり》の穴《あな》から堤《つつみ》も崩《くず》れる 128
袷《あわせ》 150
按摩導引《あんまどういん》 129

怒り心頭《しんとう》に発する 66
石抱《いしだ》き 149
意趣《いしゅ》 128
遺命《いめい》 135
伊予《いよ》 →伊予国《いよのくに》
伊予国 9
院使《いんし》 9

丑三《うしみ》つ 134
薄《うす》べり 37
馬廻《うままわ》り 114
馬廻り役 →馬廻り
梅染《うめぞめ》 81
永代橋《えいたいばし》 135
回向院《えこういん》 135
江戸 表《おもて》 80
江戸端唄《はうた》 115
榎本其角《えのもときかく》 94
烏帽子《えぼし》 10
衣紋掛《えもんか》け 114

扇 ヶ 谷《おおぎがやつ》 37
大判《おおばん》 10
おかんせ 66
奥城《おくつき》 150
後《おく》れを取る 80
押し頂く 80
お付け →付句《つけく》
御留守居《おるすい》 114

か行

改易《かいえき》 10
懐紙《かいし》 66
廻船問屋《かいせんどんや》 149
掛稲《かけいね》 47
掛軸《かけじく》 10
囲う 67
葛西《かさい》 94
飾《かざ》りをおろす 128
鍛冶屋《かじや》 149

勝手元《かってもと》　114
勝山《かつやま》　81
勝山風《かつやまふう》　81
狩野探幽《かりのたんゆう》　9
裃《かみしも》　20
上屋敷《かみやしき》　95
茅場町《かやばちょう》の薬師《やくし》　94
搦手《からめて》　134
軽口《かるくち》　129
貫《かん》　149
間諜《かんちょう》　129
関東郡代《かんとうぐんだい》　82
艱難《かんなん》　150
旱《かん》ばつ　95

祇園《ぎおん》　47，150
鬼子母神《きしもじん》　82
祈誓《きせい》　95
木にも萱《かや》にも心を置く　129
黄八丈《きはちじょう》　128
逆縁《ぎゃくえん》　66
饗応《きょうおう》　9
狂歌堂真顔《きょうかどうまがお》　→鹿津部真顔《しかつべのまがお》
行儀霰《ぎょうぎあられ》　128
経机《きょうづくえ》　38
金鉄《きんてつ》　129
吟味役《ぎんみやく》　149

九寸五分《くすんごぶ》　38
管槍《くだやり》　134
口さがない　150
轡《くつわ》　66
廓《くるわ》　129
黒羽二重《くろはぶたえ》　82

下地《げち》　67
下知《げち》　134
下郎《げろう》　134
間《けん》　9
検使《けんし》　38

鯉口《こいぐち》　10，20，66
鯉屋杉風《こいやさんぷう》　→杉山杉風《すぎやまさんぷう》
笄《こうがい》　81
高家《こうけ》　9
高言《こうげん》　135
後室《こうしつ》　128
高師直《こうのもろなお》　19
光明寺《こうみょうじ》　38
香炉《こうろ》　38
五貫目《ごかんめ》　→貫《かん》
極月《ごくげつ》　134
九《ここの》ツ　96，128
九ツ梯子《つばしご》　66
腰折《こしお》れ　→腰折れ歌
腰折れ歌　129
腰元《こしもと》　38，129
五臓六腑《ごぞうろっぷ》　67
小袖《こそで》　114
琴歌《ことうた》　37
呉服橋《ごふくばし》　9
御辺《ごへん》　47
古朋輩《こほうばい》　46
ご無体《むたい》　149
虚妄《こもう》　38
五葉《ごよう》の松　134
これはしたり　129
ごんず草鞋《わらじ》　134

さ行

逆暇《さかいとま》　150
逆《さか》さまながら　115
下《さ》げ緒《お》　81

さくいん

沙汰《さた》　82
さな言われそ　38
さなきだに重きが上の小夜衣《さよごろも》
　わが夫《つま》ならでつまな重ねそ
　→さらぬだにおもきがうへの
　さ夜衣わが夫ならでつまな重ねそ
左文字《さもじ》　10
さらぬだにおもきがうへのさ夜衣《よごろも》
　わが夫《つま》ならでつまな重ねそ　19
三条《さんじょう》小橋《こばし》　47
三途《さんず》の川　150
三方《さんぼう》　37

枝折戸《しおりど》　66
鹿津部《しかつべの》真顔《まがお》　115
仕儀《しぎ》　129
樒《しきみ》　37
扱帯《しごき》　82
錣《しころ》　134
獅子《しし》身中《しんちゅう》の虫《むし》　67
七五三《しちごさん》、五五三《ごごさん》　20
昵懇《じっこん》　37
死出《しで》の旅　150
指南《しなん》　9
死装束《しにしょうぞく》　37
芝新銭座《しばしんぜにざ》　114
新発田《しばた》　80
地輻《じぶく》　115
島原《しまばら》　150
癪《しゃく》　67, 114
尺《しゃく》　150
車軸《しゃじく》を流す　95
車力《しゃりき》　129
祝儀《しゅうぎ》　129
愁傷《しゅうしょう》　38
十万億土《じゅうまんおくど》　114
酒色《しゅしょく》に溺《おぼ》れる　66

繻珍《しゅちん》　81
出頭第一《しゅっとうだいいち》　20
出府《しゅっぷ》　128
撞木町《しゅもくまち》　150
修羅《しゅら》　80
修羅の妄執《もうしゅう》　128
上意《じょうい》　37
生害《しょうがい》　38
上使《じょうし》　37
生者必滅会者定離《しょうじゃひつめつえしゃじょうり》　38
少将殿《しょうしょうどの》　135
精進《しょうじん》　67
状箱《じょうばこ》　66
定紋《じょうもん》　128
正《しょう》四《よ》ツ刻《どき》　80
白洲《しらす》　149
白綸子《しろりんず》　128
新古今《しんこきん》　→新古今和歌集《しんこきんわかしゅう》
新古今和歌集　19
尋常《じんじょう》　38
新造《しんぞう》　114
陣太鼓《じんだいこ》　96

瑞光院《ずいこういん》　150
数寄屋河岸《すきやがし》　115
杉山杉風《すぎやまさんぷう》　95
すすきみみずく　82
煤払《すすはら》い　94
墨付《すみつき》　38

征夷大将軍《せいいたいしょうぐん》　19
正室《せいしつ》　66
関《せき》の孫六《まごろく》　82
せせる　38
泉下《せんか》　114, 135
千丈《せんじょう》の堤《つつみ》も蟻《あり》の穴《あな》より崩《くず》れる
　→蟻の穴から堤も崩れる

湊合《そうごう》 150
雑言過言《ぞうごんかごん》 20
雑司ヶ谷《ぞうしがや》 82
素麺《そうめん》や白玉《しらたま》 115
粗忽《そこつ》 10
卒爾《そつじ》ながら 46
蕎麦切《そばき》り 129
ぞべぞべ 37
ぞべらぞべら →ぞべぞべ
算盤責《そろばんせ》め →石抱《いしだ》き
存生《そんじょう》 38

📖 た行

代官《だいかん》 82
太守《たいしゅ》 115
大小《だいしょう》 38, 80
退転《たいてん》 114
大府《たいふ》 134
太平記《たいへいき》 20
逮夜《たいや》 67
大力無双《たいりきむそう》 10
鷹《たか》は死すとも穂《ほ》は摘《つ》まず 46
高張《たかはり》 →高張提灯《たかはりぢょうちん》
高張提灯 96
宝井其角《たからいきかく》 →榎本其角《えのもときかく》
但馬《たじま》 →但馬国《たじまのくに》
但馬国 134
太刀風《たちかぜ》 134
竪《たて》やの字 81
反《たん》 10
旦《たん》 115
だんだら筋《すじ》 134
段梯子《だんばしご》 66
短慮《たんりょ》 38

違《ちが》い鷹《たか》の羽《は》 37
違い鷹の羽の紋《もん》 →違い鷹の羽
違《ちが》い棚《だな》 129
茶坊主《ちゃぼうず》 19
中啓《ちゅうけい》 10, 20
中間《ちゅうげん》 80
注進《ちゅうしん》 135
重畳《ちょうじょう》 67, 128
手水鉢《ちょうずばち》 66
勅使《ちょくし》 9
縮緬《ちりめん》 81

柄先三寸《つかさきさんずん》の誼《よしみ》 150
筑波《つくば》おろし 95
付際《つけぎわ》 38
付句《つけく》 95
鍔音《つばおと》 66
心算《つもり》 114
面膨《つらふく》らす →面《つら》を膨《ふく》らす
面を膨らす 37
釣瓶《つるべ》 20
徒然《つれづれ》 129

手当《てあて》 115
鉄桶《てつおけ》 135
鉄砲雨《てっぽうあめ》の振動雷電《しだらでん》 46
殿中《でんちゅう》 20, 46

当世様《とうせいよう》 37
洞庭《どうてい》 66
東天紅《とうてんこう》 129
蟷螂《とうろう》の斧《おの》 128
時《とき》の鐘《かね》 47
独参湯《どくじんとう》 20
疾《と》くに 128
徳利《とくり》 114
飛び道具 46
豊岡《とよおか》 134

寅《とら》の頭《あたま》 135
途《と》を失い →途を失う
途を失う 20
緞子《どんす》 81

な行

内室《ないしつ》 19
長袴《ながばかま》 10
中屋敷《なかやしき》 95
泣き上戸《じょうご》 114
七《なな》ツ 19, 114
南北朝時代《なんぼくちょうじだい》 19

新盆《にいぼん》 115
二君《にくん》 95
二の丸 94
刃傷《にんじょう》 9, 46

ねいねい 67
根が遂《と》げぬ 66
念流《ねんりゅう》 80

延《の》べ鏡《かがみ》 66
乗物 38
糊屋《のりや》 80

は行

俳聖《はいせい》 94
拝領《はいりょう》 95
伯州《はくしゅう》 →伯耆国《ほうきのくに》
箔《はく》をつける 115
挟《はさ》み箱《ばこ》 81
八丁堀《はっちょうぼり》 80
八丁堀岡崎町《おかざきちょう》 82
法度《はっと》 149
服部嵐雪《はっとりらんせつ》 95
針《はり》の筵《むしろ》 10
播州《ばんしゅう》 9

婢女《ひじょ》 129
匹夫《ひっぷ》の勇《ゆう》 38
ひと口商《くちあきな》い 46
一ツ目通り 135
隙《ひま》行く駒《こま》 150
隙行く駒の足並《あしな》み速く →隙行く駒
百韻《ひゃくいん》 95
廟所《びょうしょ》 47
平打《ひらう》ち 81

袱紗《ふくさ》 38, 129
不詳《ふしょう》 114
ふすぼる 47
譜代《ふだい》 →譜代大名《だいみょう》
譜代大名 94
二つ巴《ともえ》 128
懐手《ふところで》 114
船玉様《ふなだまさま》 66
不文律《ふぶんりつ》 10
撫養《ぶよう》 149
不埒《ふらち》 80
文金《ぶんきん》の高島田《たかしまだ》 81

伯耆国《ほうきのくに》 20
奉書《ほうしょ》 37
坊主合羽《ぼうずがっぱ》 94
放蕩《ほうとう》 150
放蕩無頼《ぶらい》 129
放埓《ほうらつ》 67, 129
火口《ほくち》 46
本懐《ほんかい》 →本懐を遂《と》げる
本懐を遂げる 134
本所《ほんじょ》二ツ目 95

本所松坂町《まつざかちょう》 10, 95
ぼんぼり 19
本丸《ほんまる》 9

ま行

松永弾正《まつながだんじょう》 →松永久秀《ひさひで》 149
松永久秀 149
松の廊下《ろうか》 9
間夫《まぶ》 67
卍巴《まんじどもえ》 114
饅頭笠《まんじゅうがさ》 114

身《み》請《う》け 67
水雑炊《みずぞうすい》を喰《く》らわす 67
水間沾徳《みずませんとく》 94
御台《みだい》 →御台盤所《みだいばんどころ》
御台所《おだいどころ》 →御台盤所《みだいばんどころ》
御台盤所 38, 66
水無月《みなづき》 46
木菟《みみずく》 81
三囲《みめぐり》 →三囲神社《みめぐりじんじゃ》
三囲神社 94
冥加《みょうが》 47
名代《みょうだい》 9
身をやつす 94

武者草鞋《むしゃわらじ》 →ごんず草鞋
無心《むしん》 115
冥途《めいど》 150
冥府《めいふ》 96
免許皆伝《めんきょかいでん》 80

妄執《もうしゅう》 81
元結《もとゆい》 37
諸白《もろはく》 114

や行

焼野《やけの》の雉子《きぎす》、夜の鶴《つる》 149
夜叉《やしゃ》 67
安兵衛腰掛《やすべえこしかけ》の松 80
矢立《やたて》 95
藪畳《やぶだたみ》 46, 47
山鹿流《やまがりゅう》 96
山崎 46
山科《やましな》 38
鑓梅染《やりうめぞ》め 81
やわか 135

祐筆《ゆうひつ》 149
油単《ゆたん》 81
弓張提灯《ゆみはりぢょうちん》 46
弓手《ゆんで》 38

寄り寄り 47

ら行

料簡《りょうけん》 10
両刃《りょうじん》 149
慮外《りょがい》 149

零落《れいらく》 95
連判《れんぱん》 67
連累者《れんるいしゃ》 149

狼藉《ろうぜき》 10

わ

若党《わかとう》 82
和殿《わどの》 46

瀧口雅仁(たきぐち・まさひと)
1971年東京生まれ。演芸評論家。現在，恵泉女学園大学，和光大学講師。おもな著書に『古典・新作 落語事典』(丸善出版)，『噺家根問』『落語の達人』『演説歌とフォークソング』(彩流社)，『平成落語論』(講談社)，『落語を観るならこのDVD』』(ポット出版)，編著に『八代目正蔵戦中記』(青蛙房)などがある。またCD「現役落語家名演集」(ポニーキャニオン)の監修・解説も担当している。東京都墨田区向島(江戸落語中興の相・烏亭焉馬により「咄の会」が開かれた地)に開設した寄席「墨亭」の席亭を務める。

知っておきたい日本の古典芸能
忠 臣 蔵

令和 元 年 10 月 20 日　発　行

編著者　瀧　口　雅　仁

発行者　池　田　和　博

発行所　丸善出版株式会社
〒101-0051 東京都千代田区神田神保町二丁目17番
編集：電話(03)3512-3261／FAX(03)3512-3272
営業：電話(03)3512-3256／FAX(03)3512-3270
https://www.maruzen-publishing.co.jp

組版印刷・藤原印刷株式会社／製本・株式会社 星共社

ISBN 978-4-621-30440-2 C 0376　Printed in Japan